ESV
75 JAHRE ERICH SCHMIDT VERLAG
1924 – 1999

Was sollen Germanisten lesen?

Ein Vorschlag

von
Wulf Segebrecht

2., überarbeitete und erweiterte Auflage

Erich Schmidt Verlag

Die Deutsche Bibliothek – CIP-Einheitsaufnahme

Segebrecht, Wulf:
Was sollen Germanisten lesen? : Ein Vorschlag / von Wulf Segebrecht. –
2., überarb. und erweiterte Aufl. – Berlin : Erich Schmidt, 2000
ISBN 3-503-04934-7

1. Auflage 1994

ISBN 3 503 04934 7

www.erich-schmidt-verlag.de

Dieses Papier erfüllt die Frankfurter Forderungen der Deutschen Bibliothek und der Gesellschaft für das Buch bezüglich der Alterungsbeständigkeit und entspricht sowohl den strengen Bestimmungen der US Norm Ansi/Niso Z 39.48-1992 als auch der ISO-Norm 9706

Herstellung: Hans Kock Buch- und Offsetdruck GmbH, Bielefeld

Inhaltsverzeichnis

Was sollen Germanisten lesen?

Die Antwort ist: alles. Denn Germanisten sind Leser aus Passion; sie können nichts ungelesen lassen. Alles Gedruckte lesen sie auf. Über den Germanisten Ulrich Pretzel erzählt Helmut Brackert: „Als ich ihn das letztemal besuchte und er mich spät nachts zu meinem Auto brachte, steckte an der Windschutzscheibe die Einladung zu einer Waschmaschinenvorführung. Ich warf sie fort, er hob sie auf. Zärtlich glättete er das zerknüllte Papier: ‚Aufheben, Herr Brackert! Wegwerfen kann jeder!' " (FAZ, 13. Juli 1968). Lesen heißt aufheben.

Wer ohnehin schon alles liest, was ihm begegnet, der braucht gewiß keine Lektüreempfehlungen mehr. Und wer zum Lesen keine Lust hat, dem helfen auch die eindringlichsten Empfehlungen nichts. Aber die Wirklichkeit des Lesers, der Germanistik studiert, spielt sich vermutlich in der Regel zwischen diesen Extremen ab. Deshalb sind Leselisten nicht unnütz, wenn auch problematisch.

Als ein „Vorschlag" und nicht etwa als ein verbindlicher Kanon versteht sich diese Liste. Sie möchte dem Leser Anregungen geben, ihm nicht ein Pflichtpensum auferlegen. Einer Schwerpunktbildung soll nicht entgegengewirkt werden. Wer es sich allerdings zur Pflicht machen möchte, deutschsprachige Werke von zentraler literaturgeschichtlicher Bedeutung und hohem ästhetischen Anspruch zur Kenntnis zu nehmen, der findet in der vorliegenden Liste sicherlich vieles von dem, ‚was man gelesen haben muß'.

Die Liste reicht von den Anfängen der deutschen Literatur bis zur Gegenwart. Sie verzichtet weitgehend auf eine detaillierte

Epocheneinteilung und stellt die Autoren und Werke nur in den chronologischen Zusammenhang einer Gliederung nach Jahrhunderten, wobei zusätzlich zur Orientierung Epochenbegriffe verwendet wurden. Aus ihr ist nicht abzulesen, was gleichwohl für jeden Leser deutscher Literatur selbstverständlich sein müßte: daß er nämlich viele Werke der fremdsprachlichen Weltliteratur kennen sollte, außerdem die epochemachenden Schriften mehr oder weniger ‚benachbarter' Disziplinen und Fächer, von der Philosophie bis zu den Naturwissenschaften, von der Geschichtswissenschaft bis hin zur Jurisprudenz. Die Literatur handelt von Gott und der Welt. Literatur-Leser dürfen deshalb von Gott und der Welt nicht absehen. Man vergleiche die ‚Anzeige' in der Mitte der Broschüre.

Daß Leselisten immer angreifbar sein und zum Widerspruch reizen werden, spricht nicht gegen sie. Und daß sie Lesenswertes gleichsam kanonisieren, kann ihnen unmöglich zum Vorwurf gemacht werden, solange sie keinen Alleingültigkeitsanspruch erheben. Auch außerhalb der Universität denkt man über den Sinn und die Praktikabilität eines „literarischen Kanons" nach. So hat es z.B. in der „Frankfurter Allgemeinen Zeitung" im Herbst 1981 eine Artikel-Diskussion über den literarischen Kanon gegeben, in deren Verlauf Hans Maier, der frühere Kultusminister Bayerns, die Hoffnung auf einen künftigen Kanon so formuliert hat: „Er wäre nicht sanktioniert als sanktionsfähiger Lehrplan mit Prüfungsrubriken und Lernzielkontrollen – wohl aber als Anregung zum Lesen, als Vademecum für Lesewillige, als Führer und Verführer zur Literatur".

Der Germanist Rolf Geißler hat in dem Buch „Arbeit am literarischen Kanon" (Paderborn u.a.: Schöningh 1982) für einen sehr stark reduzierten, dafür aber anders strukturierten Kanon plädiert: „Kanon ja, aber mit einer möglichst geringen Auswahl, wobei noch nicht einmal alle kanonischen Texte gelesen werden müssen. Dafür aber Arbeit am Kanon durch die Frage nach der Stellung und Geschichte des bürgerlichen subjekthaften Ichs“ (S. 21). Neben der Arbeit am Kanon, zu der alle Leser unter jedem ihnen wichtig erscheinenden Aspekt aufgefordert sind, scheint mir der Vorschlag der „literarischen Reihenbildung“ besonders hilfreich zu sein für jeden gutwilligen Leser. Literarische Werke unter dem Gesichtspunkt ihres Zueinandergehörens zu lesen, fördert das geschichtliche Bewußtsein und die Sensibilität für Aktualisierbarkeit. Dabei lassen sich Reihenbildungen der verschiedensten Art denken: nach Themen und Stoffen, nach Gattungen und Formen, nach Epochen und Generationen, nach politischen und ästhetischen Programmen usw. Der individuellen Lust und der geschichtlichen Einsicht sind hier kaum Grenzen gesetzt.

Es wurde darauf verzichtet, jeweils anzugeben, in welchen Ausgaben die genannten Werke vorliegen. Solche Hinweise würden die Liste unziemlich anschwellen lassen; auch würde sie dann schneller veralten. Wer aber die Taschenbuchverzeichnisse der einschlägigen Verlage (z.B. Reclam, Insel usw.) durchsieht, wird die meisten der hier genannten Titel dort angeführt finden. Daß allerdings solche Lese-Ausgaben nicht immer auch zitierfähig sind, also wissenschaftlichen Arbeiten oft nicht zugrunde gelegt werden können, sei eigens hervorgehoben.

Im Anschluß an die Einzeltitel werden Sammelausgaben oder Anthologien zu dem jeweiligen Zeitabschnitt genannt; diese allerdings mit Verlags- und Herausgeberangabe. Auf diese Weise soll vor allem die Lyrik angemessen berücksichtigt werden, die leicht zu kurz kommt, wenn man sich mit der Empfehlung begnügt, von diesem oder jenem Autor sollten auch „Gedichte“ gelesen werden. Viele Lyriker erscheinen also in dieser Leseliste nur an dieser Stelle. Auch auf andere Literaturgattungen, wie z.B. auf Volksbücher, Fabeln, theoretische Texte wird zusammenfassend hingewiesen.

Ein besonderes Problem jeder Leseliste wird immer die Gegenwartsliteratur sein. Welches Buch beispielsweise von Thomas Bernhard soll Germanisten empfohlen werden, die diesen Autor zwar kennenzulernen wünschen und kennenlernen sollten, die aber doch nicht den ‚ganzen Bernhard' lesen können und wollen? Es gehört gewissermaßen zur Eigenart der Gegenwartsliteratur dazu, daß es über die Frage nach der Qualität, dem Rang und nach der Bedeutung einzelner Werke kontroverse Auffassungen gibt: Vorlieben, Abneigungen. Wer ein guter Leser auch der Gegenwartsliteratur werden will, dem kann keine bessere Empfehlung gegeben werden als selbst am literarischen Leben aufmerksam teilzunehmen durch kritische Lektüre der Literaturkritik in den Zeitungen und Zeitschriften, durch den Besuch von Buchhandlungen und Dichterlesungen, durch das informierende und problematisierende Gespräch mit anderen Lesern.

Eine Vorform dieses Buches ist zuerst 1986 als Heft 8 der „Fußnoten" erschienen, einer kleinen Publikationsreihe der Neueren deutschen Literaturwissenschaft an der Universität Bamberg. Das Heft fand überraschenden Zuspruch und beunruhigende Nachfrage: Wurden die Empfehlungen, entgegen ihrer Intention, von ihren Benutzern vielleicht doch als bequemes Rahmenprogramm mißverstanden statt als Aphrodisiakum ihrer Lese- und Entdeckungslust? Vor solchem Mißbrauch muß gerade dann eindringlich gewarnt werden, wenn die Lesevorschläge eine größere Publizität erreichen.

Die Bamberger Fassung dieser Leseliste enthielt noch keine Lesevorschläge zur sog. „Älteren Literatur". Im Interesse einer umfassenden Empfehlung für Germanisten wurde diese Lücke nach eingehender Beratung durch Fachkollegen geschlossen. Die Leseempfehlungen zur Literatur des Mittelalters folgen den Ratschlägen des Tübinger Mediävisten Christoph Huber. Allerdings wurde, in Anlehnung an die Angaben zu Werken der Neueren deutschen Literatur, darauf verzichtet, jeweils anzugeben, in welchen Ausgaben die genannten Werke vorliegen und am besten zu lesen sind, obwohl solche Hinweise im Hinblick auf die mittelalterliche Literatur sicher gravierender wären als im Bereich der Neueren deutschen Literatur. Außerdem wurden, entsprechend den Konventionen der Teildisziplin und der Eigenart der Texte, die mittelalterlichen Texte nicht autoren-, sondern gattungsbezogen verzeichnet. Schließlich wurden, anders als in der Neueren deutschen Literatur, die Anthologien und Sammlungen in diesem Abschnitt den Einzeltexten vorangestellt, nicht nachgeordnet. Diese Abweichungen werden hoffentlich von den Benutzern als sachlich berechtigt und nützlich akzeptiert. Die den Werktiteln beigegebenen Jahreszahlen bezeichnen im Teil I die (oft unsichere) Entstehung, in Teil II und III den Erstdruck bzw. die Erstaufführung der Werke.

Einige Kolleginnen und Kollegen haben die Lesevorschläge mit gutem Rat und mit weiterführenden Überlegungen begleitet, sie auch in ihrer Praxis den Studierenden zur sinnvollen Nutzung empfohlen; ihnen möchte ich an dieser Stelle danken, und ich nenne hier vorzüglich und zugleich stellvertretend Renate von Heydebrand und Hans Peter Neureuter. Ein besonders herzlicher Dank gebührt Rolf Bergmann, Gerhard Hahn und Wolfgang Harms, die Entwürfe für den Mittelalter-Teil dieser Leseliste erarbeitet haben. Für ihre tatkräftige Mithilfe und Mitarbeit danke ich darüber hinaus Friederike Amberg, Friedhelm Auhuber, Gaby Gebhard, Peter Hanenberg, Heide Hollmer, Erika Langer und Lydia Schieth. Schließlich danke ich Rainer Moritz, der die Vorform dieser Leseliste während einer fränkischen Reise für den Verlag entdeckt und sie mit Begeisterung, Nachdruck und mit viel eigener Arbeit gefördert hat.

Bamberg, im Januar 1994 Wulf Segebrecht

Zur zweiten Auflage

Der von den Benutzern und Rezensenten sehr freundlich aufgenommene Lektürevorschlag für Germanisten wurde für die 2. Auflage revidiert. Die Titel und die Daten wurden überprüft; einiges wurde gestrichen, anderes hinzugefügt oder ausgetauscht. Das gilt auch für die Abbildungen. Gelegentlich wurden die Epochenzuordnungen der Autoren korrigiert und Umstellungen vorgenommen. Die Reihenfolge der Autoren orientiert sich jetzt streng am Datum des jeweils zuerst genannten Titels; die weiteren Titel dieses Autors schließen sich dann jeweils unmittelbar an. Eine wesentliche Erweiterung der Leseliste wurde vermieden; denn der Grat zwischen einer anregenden Vielfalt und einer abschreckenden Masse ist nicht breit . . .

Änderungen ergaben sich v.a. im Hinblick auf die Literatur des nun zuendegehenden Zwanzigsten Jahrhunderts: Hier wird eine neue Gliederung versucht; und am Ende (Zwanzigstes Jahrhundert 4) nenne ich zusätzlich Titel der letzten zehn Jahre, die im Zentrum der literaturkritischen Aufmerksamkeit gestanden haben und denen nicht selten auch bereits erste literaturwissenschaftliche Bemühungen zugewandt wurden.

Die Kanon-Diskussion ist in den letzten Jahren lebhaft und auf vielen Ebenen weitergeführt worden. Ich nenne hier nur zwei Stationen dieser Diskussion: Unter dem vielsagend doppeldeutigen Titel „Kanon – Macht – Kultur“ fand 1996 ein Symposion der Deutschen Forschungsgemeinschaft statt, auf dem „Theoretische, historische und soziale Aspekte ästhetischer Kanonbildungen“ erörtert wurden. Die Referate und Diskussionsberichte dieses Symposions liegen inzwischen gedruckt vor (Stuttgart/Weimar: Metzler 1998). Im Mai 1997 fragte die Wochenzeitung „Die Zeit“ Schriftsteller, Kritiker, Verleger, Literaturwissenschaftler und Bildungspolitiker: „Was sollen Schüler lesen?“. Die Zusammenstellung der von den Befragten genannten Autoren ergab ein „verblüffend ‚klassisches'" Bild: Am häufigsten wurden genannt: Goethe, Kafka, Thomas Mann, Büchner, Brecht, Schiller, Kleist, Lessing, Hölderlin und Heine.

Das Konzept einer grundsätzlich anderen als der hier abermals vorgelegten Leseliste habe ich 1995 im Rahmen eines Kongresses vorgestellt: „Wenn man die Listen der kanonisierten deutschen Literatur dadurch einer Revision unterzöge, daß man bei jedem einzelnen angeführten Werk danach fragte, von welchem anderen literarischen Werk es beeinflußt wurde und welches andere literarische Werk es beeinflußt hat, dann erhielte man, würde man diese ‚Bezugswerke' ebenfalls in die Liste aufnehmen, einen völlig veränderten ‚Kanon'" („Was in aller Welt sollen Germanisten lesen?" Nachträgliche Bemerkungen zum Stellenwert eines germanistischen Lektüre-Kanons im Kontext der Bemühungen um eine europäische Integration. In: Eurovisionen. Vorstellungen von Europa in Literatur und Philosophie. Hrsg. von Peter Delvaux und Jan Papiór. Amsterdam: Atlanta 1996, S. 269–276, hier: S. 275.). Eine solche Liste hätte den Vorzug, weitaus weniger subjektiv und willkürlich zu sein sowohl im Hinblick auf die deutsche als auch die ausländische Literatur; sie wäre gleichsam poesiekonform, weil die Poeten – anders als viele Germanisten – sich um nationale Grenzen in der Regel nicht kümmern. Vielleicht läßt sich ein solches Projekt bei nächster Gelegenheit realisieren.

Allen denen, die an der Grundlegung und Entwicklung dieses Lektürevorschlags in der ersten Auflage beteiligt waren, danke ich erneut für ihre Hilfe, besonders dem Kollegen Christoph Huber, der die Abschnitte I und II auf den neuesten Stand gebracht hat. An der Realisierung dieser zweiten Auflage hat Frau Anne Müller M.A. den größten Anteil; ihr sei dafür herzlich gedankt!

Bamberg, im Juli 1999 W. Sg.

I. Ältere deutsche Literatur: 9. bis 14. Jahrhundert

Textsammlungen zum Gesamtzeitraum

Nach Themen geordnet (ahd./mhd. mit nhd. Worterklärungen und teilweise mit Übersetzungen) ist

Mittelalter. 2 Bde. Hrsg. von Helmut de Boor. München: Beck 1965 (= Die deutsche Literatur. Texte und Zeugnisse. Bd. 1/1–2).

Chronologisch und grob nach Gattungen angelegt (die älteren Sprachstufen zweisprachig), mit literaturgeschichtlichen Hinweisen und Tabellen ausgestattet ist

Mittelalter I. Mittelalter II. Hrsg. von Hans Jürgen Koch. Veränderte und bibliographisch erweiterte Ausgabe. Stuttgart: Reclam 1993/95 (= Die deutsche Literatur. Ein Abriß in Text und Darstellung. Bd. 1–2, RUB 9601, 9605).

Ebenfalls chronologisch und nach Gattungen geordnet (Bd. 1 und 2 zweisprachig) ist die sehr empfehlenswerte Sammlung

Deutsche Dichtung des Mittelalters. 3 Bde. Hrsg. von Michael Curschmann und Ingeborg Glier. München: Hanser 1980–1981.

Thematische Textsammlungen bieten

1. *Kreuzzugsdichtung.* Hrsg. von Ulrich Müller. Tübingen: Niemeyer 1969, 4. unveränderte Aufl. 1998 (= Deutsche Texte 9).
2. *Die Ritteridee in der deutschen Literatur des Mittelalters. Eine kommentierte Anthologie.* Hrsg. von Jörg Arentzen

und Uwe Ruberg. Darmstadt: Wissenschaftliche Buchgesellschaft 1987.

3. *Dichter über Dichter in mittelhochdeutscher Literatur.* Hrsg. von Günther Schweikle. Tübingen: Niemeyer 1970 (= Deutsche Texte 12).

Einen Querschnitt durch die Lyrik liefern die Anthologien

1. *Deutsche Gedichte des Mittelalters.* Mittelhochdeutsch/Neuhochdeutsch. Ausgewählt, übersetzt und erläutert von Ulrich Müller in Zusammenarbeit mit Gerlinde Weiss. Stuttgart: Reclam 1993 (= RUB 8864).
2. *Deutsche Lyrik des Mittelalters.* Auswahl und Übersetzung von Max Wehrli. 7. Auflage. Zürich: Manesse 1988.
3. *Gedichte von den Anfängen bis 1300.* Hrsg. von Werner Höver und Eva Kiepe. München: dtv 1978 (= Epochen der deutschen Lyrik. Bd. 1).
4. *Gedichte 1300–1500.* Hrsg. von Eva und Hansjürgen Kiepe. München: dtv 1972 (= Epochen der deutschen Lyrik. Bd. 2).

Neuntes bis elftes Jahrhundert
Althochdeutsche Literatur

Textsammlungen

Das althochdeutsche Schrifttum, gegliedert in prosaische Denkmäler (mit Glossen, Übersetzungsliteratur, geistlicher Unterweisung, Rechtstexten usw.) und poetische Denkmäler, enthält

Althochdeutsches Lesebuch. Hrsg. von Wilhelm Braune. Fortgeführt von Karl Helm und Ernst A. Ebbinghaus. 17. Auflage. Tübingen: Niemeyer 1994.

Die **wichtigen Denkmäler** mit Übersetzung und Forschungskommentar bringt

Frühe deutsche Literatur und lateinische Literatur in Deutschland 800–1150. Hrsg. von Walter Haug und Benedikt Konrad Vollmann. Frankfurt a.M. 1991 (= Bibliothek deutscher Klassiker 62).

Die **poetischen Denkmäler** bietet ahd.-nhd. mit Kommentar

Althochdeutsche poetische Texte. Ausgewählt, übersetzt und kommentiert von Karl A. Wipf. Stuttgart: Reclam 1992 (= RUB 8709).

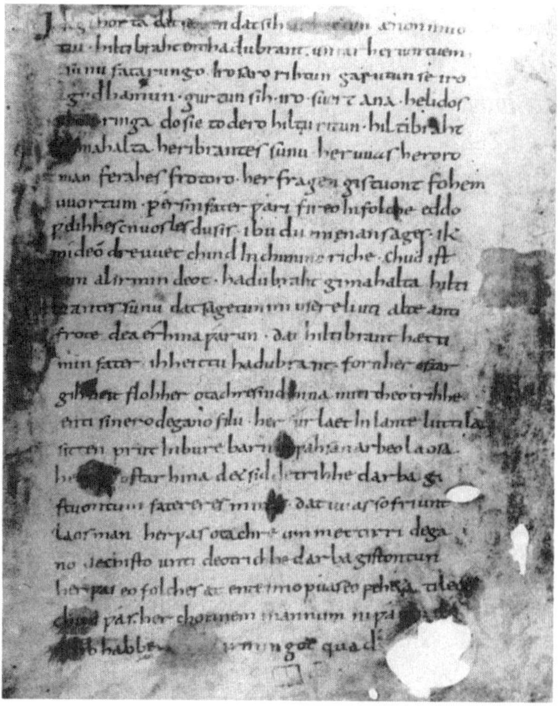

Hildebrandslied

Einzelwerke

Das Hildebrandslied (überl. um 840)

Das Wessobrunner Gebet (Ende 8./Anfang 9. Jh.; überlieferte Abschrift um 814)

Das Muspilli (Anfang 9. Jh., überliefert 2. H. 9. Jh.)

Die Merseburger Zaubersprüche (überl. Anfang 10. Jh.)

Otfried von Weißenburg:
Evangelienbuch (Auszüge) (Abschluß 863/71)

Elftes bis Mitte zwölftes Jahrhundert
Frühmittelhochdeutsche Literatur

Textsammlungen

Eine Sammlung der **kleineren Gedichte** präsentiert

Kleinere deutsche Gedichte des 11. und 12. Jahrhunderts. 2 Bde. Nach der Auswahl von Albert Waag neu hrsg. von Werner Schröder. Tübingen: Niemeyer 1972 (= Althochdeutsche Textbibliothek 71–72).

Anthologien mit Übersetzung und Kommentar bieten

Frühmittelhochdeutsche Literatur. Auswahl, Übersetzung und Kommentar von Gisela Vollmann-Profe. Stuttgart: Reclam 1996 (= RUB 9438).

Frühe deutsche Literatur und lateinische Literatur in Deutschland 800–1150. (W. Haug/ B.K. Vollmann – Siehe S. 19).

Einzelwerke

Das Ezzolied (um 1060)

Das Annolied (um 1080)

No[t]ker:
Memento Mori (Ende 11. Jh.)

Heinrich (von Melk?):
Von des todes gehugde (‚Erinnerung an den Tod‘)
(2. Hälfte 12. Jh.)

Die Kaiserchronik (Auszüge) (beendet frühestens 1147)

König Rother (um 1160)

Herzog Ernst (um 1170/80; Fassung B: Anfang 13. Jh.)

Pfaffe Lamprecht:
Alexander (um 1155/60)

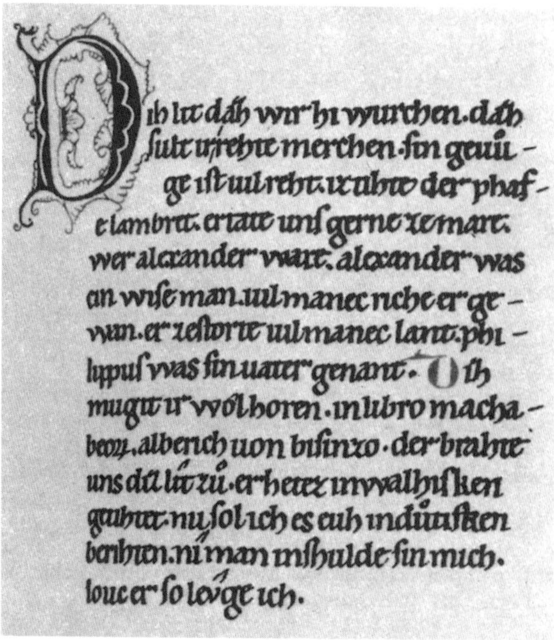
Dih liet dah wir hi wurchen. dah
sult ir rehte merchen. sin genů-
ge ist wil reht. iz tihte der phaf-
fe lambret. er tate uns gerne ze mare.
wer alexander ware. alexander was
ein wise man. wil manec riche er ge-
wan. er zestorte wil manec lant. phi-
lippus was sin uater genant. Uon ih
mugt ir wol horen. in libro macha-
beorum. albrich von bisinzo. der brahte
uns diz liet zů. er hetez in walhiskin
gedihtet. nu sol ih es euh in dûtisken
berihten. niman inshulde sin mich.
louc er so louge ih.

Pfaffe Lamprecht, Alexander

Pfaffe Konrad:
Das Rolandslied (um 1170)

Heinrich (der Glichesaere):
Reinhart Fuchs (spätes 12. Jh.)

Zweite Hälfte des zwölften Jahrhunderts bis ca. 1230 *‚Höfische Klassik'*

Textsammlungen

Zum frühen Minnesang kann auf zwei Sammlungen zurückgegriffen werden:

1. *Des Minnesangs Frühling.* Bd. 1: Texte. Unter Benutzung der Ausgabe von Karl Lachmann, Moriz Haupt, Friedrich Vogt und Carl von Kraus. Bearbeitet von Hugo Moser und Helmut Tervooren. 38. Auflage. Stuttgart: Hirzel 1988.
2. *Mittelhochdeutsche Minnelyrik.* Bd. 1: Frühe Minnelyrik. Texte und Übertragungen, Einführung und Kommentar. Hrsg. von Günther Schweikle. Stuttgart: Metzler 1993.

Eine handliche Anthologie mhd.-nhd. bietet

Minnesang. Mittelhochdeutsche Texte mit Übertragungen und Anmerkungen. Hrsg. von Helmut Brackert. Frankfurt a.M.: Fischer 1983, 6. Aufl. 1996 (= Fischer Taschenbuch 6485).

Einzelwerke nach Gattungen

MINNESANG

„Donauländischer Minnesang" (um 1150 – um 1180):
Der Kürenberger
Meinloh von Sevelingen
Dietmar von Aist

„Rheinischer Minnesang“ (Minnelied, Kreuzlied)
(um 1170 – um 1190):
Friedrich von Hausen

‚Klassische‘ Autoren-Œuvres:
Hartmann von Aue (um 1185/1205)
Reinmar (der Alte) (um 1200)
Heinrich von Morungen (um 1200)

Walther von der Vogelweide (ab 1198 bis ca. 1230):
Minnelieder und Sangsprüche

Wolfram von Eschenbach (um 1200/20):
Tagelieder

ANTIKENROMAN

Heinrich von Veldeke:
Eneas (um 1170, Abschluß nach 1184)

Heinrich von Veldeke

Gottfried von Straßburg

Artusroman

Hartmann von Aue:
Erec (um 1185)
Iwein (um 1203)

Ulrich von Zatzikhoven:
Lanzelet (um 1195–1210)

Wolfram von Eschenbach:
Parzival (um 1200/10)

Tristanroman

Eilhart von Oberge:
Tristrant (um 1170 oder eher um 1190)

Gottfried von Straßburg:
Tristan (um 1210)

Deutsche Chanson de Geste

Wolfram von Eschenbach:
Willehalm (um 1215)

Gralroman

Wolfram von Eschenbach:
Titurel-Fragmente (nach 1215)

Legende

Hartmann von Aue:
Gregorius (um 1190)
Der Arme Heinrich (Ende 12. Jh.)

Heldenepik

Das Nibelungenlied (um 1200)

FACHPROSA

Der Lucidiarius (Enzyklopädie) (1190/95)

Dreizehntes Jahrhundert
‚Nachklassik'

Einzelwerke nach Gattungen

MINNELIED

Neidhart (von Reuental) (um 1210–1240):
Sommer- und Winterlieder

‚NACHKLASSISCHER' MINNESANG

Burkhart von Hohenfels
(urkundl. bezeugt seit 1212, zuletzt 1242)

Gottfried von Neifen
(urkundl. bezeugt seit 1234, zuletzt 1255)

Ulrich von Lichtenstein (gest. 1275)

Konrad von Würzburg (gest. 1287)

SANGSPRUCH

(politische Propaganda, Morallehren, geistliche Unterweisung, Rätsel, Scherz)

Reinmar von Zweter (gest. um 1250)
Der Marner (gest. um 1270)
Der Wilde Alexander (Mitte/Ende 13. Jh.)
Heinrich von Meißen, gen. Frauenlob (gest. 1318)

SPRECHSPRUCH

Freidank (gest. 1233):
Bescheidenheit

‚Nachklassischer' Roman

Wirnt von Gravenberc:
Wigalois (nach 1204 bis ca. 1210)

Heinrich von dem Türlin:
Der âventiure krône (um 1215/30)

Der Stricker:
Daniel von dem blühenden Tal (um 1220)

Rudolf von Ems:
Der guote Gerhart (um 1220)

Konrad von Würzburg:
Engelhard (um 1260)

Albrecht (von Scharfenberg):
Der Jüngere Titurel (um 1270)

Prosaroman

Lancelot (seit 1250)

Heldenepik

Kudrun (um 1240)

Legende, Mariendichtung

Rudolf von Ems:
Barlaam und Josaphat (etwa ab 1220)

Konrad von Würzburg:
Die goldene Schmiede (Marienpreis) (um 1275)

Verserzählung, Bispel, Märe

Moriz von Craûn *(Anfang 13. Jh.)*

Der Stricker (um 1250):
Der Hahn und die Perle
Das Katzenauge
Der begrabene Ehemann

Konrad von Würzburg (um 1260):
Das Herzmaere (um 1250/1260)
Der Welt Lohn (um 1260/1270)

Wernher der Gartenaere:
Helmbrecht (um 1250/80)

SCHWANK

Der Stricker:
Der Pfaffe Amis (um 1220/50)

LEHRDICHTUNG

Thomasin von Zerclaere:
Der Wälsche Gast (Auszüge) (1215/16)

Hugo von Trimberg:
Der Renner (Auszüge) (abgeschlossen: 1300)

REIMCHRONIK

Rudolf von Ems
Weltchronik (um 1250)

FACHPROSA

Eike von Repgow:
Der Sachsenspiegel (ca. 1220/35)

MYSTISCHES SCHRIFTTUM

Mechthild von Magdeburg:
Das fließende Licht der Gottheit (1250–82)

Vierzehntes Jahrhundert

Textsammlungen

Eine umfängliche Textsammlung liegt vor in

Deutsche Literatur im späten Mittelalter 1250–1450. 3 Bde. Hrsg. von Friedrich-Wilhelm und Erika Wentzlaff-Eggebert. Reinbek: Rowohlt 1971 (= rowohlts deutsche enzyklopädie 350–358).

Einzelwerke nach Gattungen

Sangspruch

Heinrich von Mügeln (Schaffenszeit: 1345–70)

Fabel

Ulrich Boner:
Der Edelstein (um 1350)

Fachprosa

Konrad von Megenberg:
Das Buch der Natur (1348/50)

Mystisches Schrifttum

Meister Eckhart (um 1260–1328)
Predigten

Heinrich Seuse (um 1295–1366)
Büchlein der ewigen Weisheit

Johannes Tauler (um 1300–61)
Predigten

ALLEGORIE

Die Minneburg (2. Viertel 14. Jh.)

Hadamar von Laber:
Die Jagd (2. Viertel 14. Jh.)

MINNELIED (um 1400)

Oswald von Wolkenstein (1376/7–1445)

Oswald von Wolkenstein

II. Mittlere deutsche Literatur: 15. bis 16. Jahrhundert

Fünfzehntes/Sechzehntes Jahrhundert

Autoren

TEPL, Johannes von:
Der Ackermann aus Böhmen
(nach 1400)

Heinrich Wittenwiler:
Der Ring (um 1408/10)

BRANT, Sebastian:
Das Narrenschiff (1494)

LUTHER, Martin:
Von der Freyheyt eyniß Christenmenschen (1520)

Holzschnitt zu: „Der Ackermann aus Böhmen“

Holzschnitt aus Brants „Narrenschiff“, Basel 1507

Hutten, Ulrich von:
Gespräch büchlin (1521)

Sachs, Hans:
Der farent Schüler ins Paradeis (1561)

Wickram, Georg:
Das Rollwagenbüchlin (1555)

Fischart, Johann:
Flöh Hatz Weiber Tratz (1573)

Textsammlungen

Unter den **Volksbüchern** der Zeit sind besonders hervorzuheben:

1. *Ein kurtzweilig Lesen von Dil Ulenspiegel*
2. *Historia von D. Johann Fausten*

Die Gattung des **Fastnachtsspiel** kann man kennenlernen durch die Sammlung

Fastnachtsspiele des 15. und 16. Jahrhunderts. Unter Mitarbeit von Walter Wuttke ausgewählt und hrsg. von Dieter Wuttke. Vierte, verbesserte und ergänzte Auflage. Stuttgart: Reclam 1989, Nachdruck 1993 (= RUB 9415).

Einen wichtigen Teilbereich der weitverbreiteten **Flugschriften**literatur erschließt der Band

Deutsche Flugschriften zur Reformation (1520–1525). Hrsg. von Karl Simon. Stuttgart: Reclam 1980 (= RUB 9995).

Lateinische **Lyrik** dieser Zeit ist bequem zugänglich in der Sammlung

Lateinische Gedichte deutscher Humanisten. Lateinisch und deutsch. Hrsg. von Harry C. Schnur. 2. Auflage. Stuttgart: Reclam 1978 (= RUB 8739).

Zwei vielseitige **Epochenanthologien** (1. und 2.) sowie ein informatives Potpourri aus „Kulturdokumenten“ sowie lyrischen, dramatischen und epischen Texten dieses Zeitraumes, häufig in Auszügen (3.), bieten

1. *Spätmittelalter, Humanismus, Reformation.* Texte und Zeugnisse. Hrsg. von Hedwig Heger. 2 Teilbde. München: Beck 1975–1978 (= Die Deutsche Literatur. Texte und Zeugnisse. Bd. 2/1–2).
2. *Deutsche Literatur des 16. Jahrhunderts.* Zwei Bände. Hrsg. von Adalbert Elschenbroich. München: Hanser 1981.
3. *Renaissance, Humanismus, Reformation.* Hrsg. von Josef Schmidt. Stuttgart: Reclam 1976, erg. Ausg. 1983, Nachdruck 1994 (= Die deutsche Literatur. Ein Abriß in Text und Darstellung. Bd. 3. RUB 9609).

Wir protestieren! Gegen die einseitige Orientierung dieser Leseliste an der deutschen Literatur! Ohne uns geht es nicht!

AISCHYLOS (Orestie), ARIOST (Der rasende Roland), ARISTOPHANES (Die Vögel), ARISTOTELES (Poetik), BALZAC (Eugénie Grandet), BAUDELAIRE (Die Blumen des Bösen), BECKETT (Endspiel), BOCCACCIO (Decamerone), BYRON (Manfred), CALDERON (Das Leben ein Traum, Der standhafte Prinz), CAMOES (Die Lusiaden), CAMUS (Die Pest), CARROLL (Alice im Wunderland), CASANOVA (Geschichte meines Lebens), CERVANTES (Don Quichote), CHRÉTIEN DE TROYES (Perceval), CORNEILLE (Horace, Der Cid), DANTE (Die Göttliche Komödie), DEFOE (Robinson), DICKENS (David Copperfield), DIDEROT (Jacques der Fatalist, Rameaus Neffe), DOS PASSOS (Manhattan Transfer), DOSTOJEWSKI (Die Brüder Karamasow, Der Idiot), EURIPIDES (Iphigenie in Aulis, Ion), FENELON (Abenteuer des Telemach), FIELDING (Tom Jones), FLAUBERT (Madame Bovary), GIDE (Die Schule der Frauen), GOGOL (Die toten Seelen, Der Revisor), GONTSCHAROW (Oblomow), GORKI (Nachtasyl), HEMINGWAY (Der alte Mann und das Meer), HOBBES (Leviathan), HOLBERG (Nils Klims unterirdische Reise), HOMER (Ilias, Odyssee), HORAZ (Ars poetica), HUYSMANS (Gegen den Strich), IBSEN (Gespenster), JACOBSEN (Niels Lyhne), JOYCE (Ulysses), KIERKEGAARD (Tagebücher), LESAGE (Gil Blas), LOPE DE VEGA (Jüdin von Toledo), MAC-

CHIAVELLI (Der Fürst), MANZONI (Die Verlobten), MELVILLE (Moby Dick), MILLER (Sexus), MILTON (Das verlorene Paradies), MOLIERE (Tartuffe, Misanthrop), MONTAIGNE (Essais), MONTESQUIEU (Persische Briefe), de NAVARRE (Heptameron), OVID (Metamorphosen), PETRARCA (Sonette), PLATON (Phaidon, Symposion), PLAUTUS (Der Maulheld), POE (Der Mord in der Rue Morgue), POPE (Versuch über den Menschen), PROUST (Eine Liebe von Swann), PUSCHKIN (Eugen Onegin), RABELAIS (Gargantua und Pantagruel), RACINE (Phädra), RICHARDSON (Clarissa, Pamela), RIMBAUD (Eine Zeit in der Hölle), ROUSSEAU (Emile, Julia oder Die neue Heloise), de SADE (Justine), SARTRE (Die schmutzigen Hände), SENECA (Troerinnen), SHAKESPEARE (Hamlet, Romeo und Julia), SHAW (Candida), SHELLEY (Frankenstein), SOPHOKLES (Antigone, König Ödipus), STENDHAL (Die Kartause von Parma), STERNE (Tristram Shandy), STEVENSON (Dr. Jekyll und Mr. Hyde), STRINDBERG (Der Totentanz), SWIFT (Gullivers Reisen), TACITUS (Germania), TASSO (Das befreite Jerusalem), THACKERAY (Jahrmarkt der Eitelkeit), TOLSTOI (Anna Karenina, Krieg und Frieden), TWAIN (Tom Sawyer und Huckleberry Finn), VERGIL (Georgica, Äneis), VOLTAIRE (Candide), WHITMAN (Grashalme), WILDE (Das Bildnis des Dorian Gray), WILDER (Die Brücke von San Luis Rey), ZOLA (Germinal).

„Sie werden lachen: DIE BIBEL.“

III. Neuere deutsche Literatur: 17. bis 20. Jahrhundert

Textsammlungen zum Gesamtzeitraum

Erzählprosa vom 18. Jahrhundert bis zur Gegenwart von Friedrich SCHILLER, Johann Wolfgang von GOETHE, Ludwig TIECK, Heinrich von KLEIST, Johann Peter HEBEL, Clemens BRENTANO, Friedrich HEBBEL, Heinrich HEINE, Berthold AUERBACH, Adalbert STIFTER, Gottfried KELLER, Theodor STORM, Arno HOLZ/Johannes SCHLAF, Wilhelm BUSCH, Ricarda HUCH, Otto Julius BIERBAUM, Frank WEDEKIND, Christian MORGENSTERN, Georg HEYM, Joseph ROTH, Manfred HAUSMANN, Kurt SCHWITTERS, Erich KÄSTNER, Carl ZUCKMAYER, Robert MUSIL, Franz WERFEL, Lion FEUCHTWANGER, Wolfgang BORCHERT, Heinrich BÖLL, Günter GRASS, Thomas BERNHARD, Peter HANDKE, Günter KUNERT, Peter BICHSEL, Herbert ROSENDORFER, Ingeborg BACHMANN, Gabriele WOHMANN, Erwin STRITTMATTER, Peter ROSEI, Hermann KANT, Friederike MAYRÖCKER u.a. befindet sich in der Anthologie

Das große deutsche Erzählbuch. Hrsg. von Viktor Žmegač. Königstein/Ts.: Athenäum 1979.

Eine umfangreiche **Gedichtsammlung** ist

Das große deutsche Gedichtbuch von 1500 bis zur Gegenwart. Neu hrsg. und aktualisiert von Karl Otto Conrady. 5. Aufl. Zürich und Düsseldorf: Artemis & Winkler 1997.

Federzeichnung zu Mörikes „Romanze vom Feuerreiter"

Die Gattung **Ballade** von den Anfängen bis zur Gegenwart präsentiert der große Sammelband

Das große deutsche Balladenbuch. Hrsg. von Beate Pinkerneil. 2. Auflage. Königstein: Athenäum 1987.

Siebzehntes Jahrhundert
Barockzeitalter

Autoren

OPITZ, Martin:
Buch von der Deutschen Poeterey (1624)

MARTINI
OPITII
Buch von der Deutschen
Poeterey.
In welchem alle jhre eigenschafft vnd zugehör gründtlich erzehlet/ vnd mit exempeln außgeführet wird.
Gedruckt in der Fürstlichen
Stadt Brieg/ bey Augustino
Gründern.
In Verlegung David Müllers Buchhändlers in Breßlaw. 1624.

ZESEN, Philipp von:
Adriatische Rosemund (1645)

GRYPHIUS, Andreas:
Catharina von Georgien. Oder Bewehrete Bestendikeit (1651)
Cardenio und Celinde. Oder Unglücklich Verliebete (1657)
Absurda Comica. Oder Herr Peter Squentz (1658)

LOHENSTEIN, Daniel Casper von:
Cleopatra (1661)
Sophonisbe (1680)

GRIMMELSHAUSEN, Hans Jacob Christoph von:
Der Abentheurliche Simplicissimus Teutsch (1669)
Trutz Simplex: Oder Ausführliche und wunderseltzame Lebensbeschreibung der Ertzbetrügerin und Landstörtzerin Courasche (1670)

WEISE, Christian:
Die drei ärgsten Ertz-Narren
In der gantzen Welt (1672)

BEER, Johann:
Der Berühmte Narren-Spital
(1681)

REUTER, Christian:
Schelmuffsky (1696)
Graf Ehrenfried (1700)

Textsammlungen

Gedichte von Sigmund von BIRKEN, Daniel CZEPKO, Simon DACH, Paul FLEMING, Paul GERHARDT, Catharina Regina von GREIFFENBERG, Andreas GRYPHIUS, Christian Hoffmann von HOFFMANNSWALDAU, Johann KLAJ, Quirinus KUHLMANN, Friedrich von LOGAU, Martin OPITZ, Johann RIST, Johannes SCHEFFLER, David SCHIRMER, Georg Rodolf WECKHERLIN, Philipp von ZESEN und anderen enthalten die folgenden empfehlenswerten Anthologien:

1. *Gedichte 1600–1700.* Nach den Erstdrucken in zeitlicher Folge hrsg. von Christian Wagenknecht. 3. Auflage. München: dtv 1982 (= Epochen der deutschen Lyrik. Bd. 4).

2. *Gedichte des Barock.* Hrsg. von Ulrich Maché und Volker Meid. Stuttgart: Reclam 1980, Nachdruck 1995 (= RUB 9975).

Beiträge zur Dichtungslehre (Poetik) von Martin OPITZ, August BUCHNER, Philipp von ZESEN, Georg Philipp HARSDÖRFFER, Daniel Georg MORHOF, Christian WEISE und anderen enthält die folgende Sammlung:
Poetik des Barock. Hrsg. von Marian Szyrocki. Stuttgart: Reclam 1977 (= RUB 9854).

Eine nach den Dichtungsgattungen gegliederte **Epochenanthologie**, die besonders empfohlen werden kann, liegt vor mit:

Das Zeitalter des Barock. Texte und Zeugnisse. Hrsg. von Albrecht Schöne. 3. verbesserte Auflage. München: Beck 1988 (= Die deutsche Literatur. Texte und Zeugnisse. Bd. 3).

Aus: Gabriel Rollenhagen: Nucleus emblematum (1611). Nachdruck u.d.T. Sinn-Bilder. Dortmund: Harenberg 1983, S. 145.

Inscriptio:
Durch Eifer und Wachsamkeit

Subscriptio:
Nur wer in unermüdlichem Eifer die Bücher studiert, verdient es, ein Gelehrter zu heißen.

Achtzehntes Jahrhundert
Aufklärung, Empfindsamkeit, Sturm und Drang, Klassik

Autoren

Gottsched, Johann Christoph:
Versuch einer Critischen Dichtkunst vor die Deutschen (1730)
Sterbender Cato (1732)

Versuch
einer
Critischen Dichtkunst
durchgehends
mit den Exempeln unserer besten Dichter erläutert.
Anstatt
einer Einleitung ist Horazens Dichtkunst
übersetzt, und mit Anmerkungen erläutert.
Diese neue Ausgabe ist, sonderlich im II. Theile,
mit vielen neuen Hauptstücken vermehret,
von
Johann Christoph Gottscheden.
Vierte sehr vermehrte Auflage, mit allergnädigster Freyheit.
Leipzig, 1751.
Verlegts Bernhard Christoph Breitkopf.

Schnabel, Johann Gottfried:
Wunderliche Fata einiger Seefahrer[...] auf der Insel Felsenburg (1731–43)

Haller, Albrecht von:
Die Alpen (1732)

Gottsched, Luise Adelgunde Victorie:
Die Pietisterey im Fischbein-Rocke (1736)

Schlegel, Johann Elias:
Die stumme Schönheit (1747)

Gellert, Christian Fürchtegott:
Die zärtlichen Schwestern (1747)
Leben der schwedischen Gräfin von G. (1747–48)

Klopstock, Friedrich Gottlob:
Der Messias (Auswahl) (1749–73)

Lessing, Gotthold Ephraim:
Miß Sara Sampson (1755)
Laokoon: oder über die Grenzen der Mahlerey und Poesie (1766)
Minna von Barnhelm, oder Das Soldatenglück (1767)
Hamburgische Dramaturgie (Auswahl) (1767–69)
Emilia Galotti (1772)
Nathan der Weise (1779)

Winckelmann, Johann Joachim:
Gedanken über die Nachahmung der Griechischen Wercke in der Mahlerey und Bildhauer-Kunst (1755)

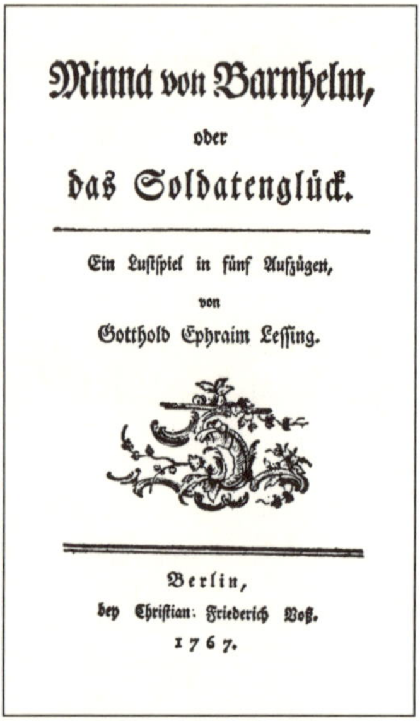

Minna von Barnhelm,
oder
das Soldatenglück.

Ein Lustspiel in fünf Aufzügen,
von
Gotthold Ephraim Lessing.

Berlin,
bey Christian Friedrich Voß.
1767.

HAMANN, Johann Georg:
Sokratische Denkwürdigkeiten für die lange Weile des Publicums zusammengetragen von einem Liebhaber der langen Weile (1759)

MÖSER, Justus:
Harlekin, oder Vertheidigung des Groteske-Komischen (1761)

WIELAND, Christoph Martin:
Der Sieg der Natur über die Schwärmerey oder Die Abentheuer des Don Sylvio von Rosalva (1764)
Geschichte des Agathon (1766–67)
Die Abderiten (1774–81)
Das Hexameron von Rosenhain (1805)

LICHTENBERG, Georg Christoph:
Aphorismen [EA 1902–1908]

GERSTENBERG, Heinrich Wilhelm von:
Ugolino (1768)

LA ROCHE, Sophie von:
Geschichte des Fräuleins von Sternheim (1771)

HERDER, Johann Gottfried:
Auszug aus einem Briefwechsel über Ossian und die Lieder alter Völker (1773)

Hamburgische
Dramaturgie.

Erster Band.

Hamburg.
In Commission bey J. H. Cramer, in Bremen.

Volkslieder (Hrsg.) (1778/79)
Journal meiner Reise im Jahre 1769 [1846]

Zeitgenössische Illustrationen zum „Götz"

GOETHE, Johann Wolfgang:
Götz von Berlichingen mit der eisernen Hand (1773)
Die Leiden des jungen Werthers (1774)
Stella. Ein Schauspiel für Liebende (1776)
Iphigenie auf Tauris (1787)
Egmont (1788)
Torquato Tasso (1790)
Reineke Fuchs (1794)
Römische Elegien (1795)
Unterhaltungen deutscher Ausgewanderten (1795)
Wilhelm Meisters Lehrjahre (1795–96)
Hermann und Dorothea (1797)
Die natürliche Tochter (1803)
Faust I und II (1808/1833)
Die Wahlverwandtschaften (1809)
Aus meinem Leben. Dichtung und Wahrheit (1811/22)

Die Leiden
des
jungen Werthers.

Erster Theil.

Leipzig,
in der Weygandschen Buchhandlung.
1774.

West-oestlicher Divan (1819)
Wilhelm Meisters Wanderjahre (1821)
Novelle (1828)
Italienische Reise (1829)

Goethes Reisewagen

NICOLAI, Friedrich:
Das Leben und die Meinungen des Herrn Magister Sebaldus Nothanker (1773–76)

LENZ, Jakob Michael Reinhold:
Der Hofmeister oder Vortheile der Privaterziehung (1774)
Die Soldaten (1776)

Die
Soldaten.
Eine
Komödie.

Leipzig,
bey Weidmanns Erben und Reich. 1776.

KLINGER, Friedrich Maximilian von:
Das leidende Weib (1775)
Sturm und Drang (1776)
Die Zwillinge (1776)

JACOBI, Friedrich Heinrich:
Eduard Allwills Papiere (1776/1792)

LEISEWITZ, Johann Anton:
Julius von Tarent (1776)

WAGNER, Heinrich Leopold:
Die Kindermörderinn (1776)

WEZEL, Johann Karl:
Belphegor (1776)
Herrmann und Ulrike (1780)

SCHILLER, Friedrich:
Die Räuber (1781)
Die Verschwörung des Fiesco zu Genua (1783)
Kabale und Liebe (1784)
Don Karlos. Infant von Spanien (1787)
Der Geisterseher (1789)
Über Anmuth und Würde (1793)

Briefe über die ästhetische Erziehung des Menschen (1795)
Über naive und sentimentalische Dichtung (1795–96)
Wallenstein (1800)
Maria Stuart (1801)
Die Jungfrau von Orleans (1802)
Wilhelm Tell (1804)

MORITZ, Karl Philipp:
Anton Reiser (1785–90)
Über die bildende Nachahmung des Schönen (1788)

HEINSE, Wilhelm:
Ardinghello und die glückseligen Inseln (1787)

Kabale und Liebe
ein
bürgerliches Trauerspiel
in fünf Aufzügen
von
Fridrich Schiller.

Mannheim,
in der Schwanischen Hofbuchhandlung,
1784.

Anton Reiser.
Ein
psychologischer Roman.

Herausgegeben
von
Karl Philipp Moritz.
Vierter Theil.
Berlin, 1790.
Bei Friedrich Maurer.

FORSTER, Johann Georg:
Ansichten vom Niederrhein [. . .] (1791–94)

VOSS, Johann Heinrich:
Luise (1795)

LAFONTAINE, August Heinrich Julius:
Klara du Plessis und Klairant (1795)

GOETHE, Johann Wolfgang/
SCHILLER, Friedrich:
Xenien (1796)
Musenalmanach für das Jahr 1798 („*Balladen-Almanach*“)
Briefwechsel (EA 1828–29)

Hölderlin, Friedrich:
Hyperion (1797–99)
Der Tod des Empedokles
(UA 1797–1800)
Friedensfeier (EA 1954)

Kotzebue, August von:
Die deutschen Kleinstädter
(1803)

HYPERION

oder

der Eremit in Griechenland

von

Friedrich Hölderlin.

Erster Band.

Tübingen 1797.

in der J. G. Cotta'schen Buchhandlung.

Textsammlungen

Gedichte von u.a. Barthold Hinrich Brockes, Albrecht von Haller, Friedrich von Hagedorn, Johann Wilhelm Ludwig Gleim, Johann Peter Uz, Johann Nikolaus Götz, Christian Fürchtegott Gellert, Ewald von Kleist, Samuel Gotthold Lange, Immanuel Jakob Pyra, Johann Elias Schlegel, Anna Louisa Karsch, Christian Felix Weisse, Friedrich Wilhelm Zachariä, Johann Friedrich von Cronegk, Karl Wilhelm Ramler, Magnus Gottfried Lichtwer, Gottlieb Conrad Pfeffel, Johann Georg Jacobi, Matthias Claudius, Christian Friedrich Daniel Schubart, Friedrich Wilhelm Gotter, Johann Martin Miller, Johann Gottfried Herder, Ludwig Christoph Heinrich Hölty, Friedrich Leopold Graf zu Stolberg, Johann Heinrich Voss, Gottfried August Bürger, Friedrich Matthisson, Johann Gaudenz von Salis-Seewis enthält die Anthologie

Lyrik des 18. Jahrhunderts. Hrsg. von Karl Otto Conrady. Reinbek bei Hamburg: Rowohlt 1968.

Außer den Genannten findet man **Gedichte** von u.a. Carl Friedrich DROLLINGER, Johann Christian GÜNTHER, Abraham Gotthelf KÄSTNER, Friedrich Gottlieb KLOPSTOCK, Gotthold Ephraim LESSING, Gerhard TERSTEEGEN in der Sammlung

Gedichte 1700–1770. Nach den Erstdrucken in zeitlicher Folge hrsg. von Jürgen Stenzel. 2. Auflage. München: dtv 1977 (= Epochen der deutschen Lyrik. Bd. 5).

Erzählungen von Johann Christoph GOTTSCHED, Johann Gottfried SCHNABEL, Johann Jakob BODMER/Salomon GESSNER, Christoph Martin WIELAND u.a. enthält der Band

Deutsche Erzählungen des 18. Jahrhunderts. Von Gottsched bis Goethe. Hrsg. und kommentiert von Heide Hollmer u.a. München: dtv 1988 (= dtv 2195).

Anakreontik und **Rokoko** kann man kennenlernen durch die Anthologie

Dichtung des Rokoko. Nach Motiven geordnet. Hrsg. von Alfred Anger. 2. Auflage. Tübingen: Niemeyer 1969 (= Deutsche Texte 7).

Einen Überblick über die Dichtungen des **‚Göttinger Hains'** (von HÖLTY, MILLER, Graf STOLBERG, VOSS, BOIE, GOTTER, HAHN u.a.) gibt die Sammlung

Der Göttinger Hain. Hrsg. von Alfred Kelletat. Stuttgart: Reclam 1967, Neuauflage 1984 (= RUB 8789).

Zwei umfassende **Epochenanthologien** zum 18. Jahrhundert liegen vor; eine (1.) mit einem engeren und eine (2.) mit einem weiteren Literaturbegriff:

1. *Deutsche Dichtung im 18. Jahrhundert.* Hrsg. von Adalbert Elschenbroich. 3. Auflage. München: Hanser 1968.

2. *18. Jahrhundert.* Texte und Zeugnisse. In Verbindung mit Christoph Perels hrsg. von Walther Killy. 2 Teilbde. München: Beck 1983 (= Die deutsche Literatur. Texte und Zeugnisse. Bd. 4/1–2).

Eine praktische Textsammlung zur Epochenbestimmung der **Aufklärung** mit Beiträgen von Moses MENDELSSOHN, Immanuel KANT, HAMANN, WIELAND, Andreas RIEM, HERDER, LESSING, Johann Benjamin ERHARD und Friedrich SCHILLER liegt vor mit

Was ist Aufklärung? Thesen und Definitionen. Hrsg. von Ehrhard Bahr. Stuttgart: Reclam 1974, Nachdruck 1996 (= RUB 9714).

Eine Sammlung poetologischer Texte der **Aufklärung** von Christian THOMASIUS, Johann Jacob BODMER, Johann Ulrich KÖNIG, Johann Jacob BREITINGER, Johann Christoph GOTTSCHED, Johann Elias SCHLEGEL, Immanuel Jakob PYRA, Carl Friedrich BRÄMER, Georg Friedrich MEIER und Johann Adolf SCHLEGEL bietet der Band

Dichtungstheorien der Aufklärung. Hrsg. von Henning Boetius. Tübingen: Niemeyer 1971 (= Deutsche Texte 19).

Die Gattung der **Satire** zur Zeit der **Aufklärung** präsentiert

Satiren der Aufklärung. Hrsg. von Gunter Grimm. Durchgesehene und ergänzte Ausgabe. Stuttgart: Reclam 1979 (= RUB 9777–9781).

Die für das 18. Jahrhundert besonders wichtige Gattung der **Fabel** ist bequem zugänglich durch den Band

Deutsche Fabeln des 18. Jahrhunderts. Ausgewählt und mit einem Nachwort von Manfred Windfuhr. Stuttgart: Reclam 1965 (= RUB 8429/30).

Zentrale Texte zur **Geschmacksdiskussion** im 18. Jahrhundert bietet

Vom Laienurteil zum Kunstgefühl. Texte zur deutschen Geschmacksdebatte im 18. Jahrhundert. Hrsg. von Alexander von Bormann. Tübingen: Niemeyer 1974 (= Deutsche Texte 30).

Die Epoche der **Empfindsamkeit** wird durch Selbstäußerungen der Zeitgenossen näher bestimmt in der Sammlung

Empfindsamkeit. Theoretische und kritische Texte. Hrsg. von Wolfgang Doktor und Gerhard Sauder. Stuttgart: Reclam 1976 (= RUB 9835).

Die wichtigsten theoretischen und poetologischen Texte der **Genieperiode** – von GERSTENBERG, HAMANN, HERDER, GOETHE, LENZ, WAGNER, MALER MÜLLER, HEINSE, Graf STOLBERG, BÜRGER und LAVATER – enthält der empfehlenswerte Band

Sturm und Drang. Kritische Schriften. Plan und Auswahl von Erich Loewenthal. 3. Auflage. Heidelberg: Lambert Schneider 1972.

Poetologische und theoretische Texte, die die Entwicklung des **Romans** dokumentieren, enthält der Band

Theorie und Technik des Romans im 17. und 18. Jahrhundert. Bd. 2: Spätaufklärung, Klassik und Frühromantik. Hrsg. von Dieter Kimpel und Conrad Wiedemann. Tübingen: Niemeyer 1970 (= Deutsche Texte 17).

Einen Überblick über wichtige **literaturtheoretische Texte** bietet die Sammlung

Deutsche Literaturkritik. Hrsg. von Hans Mayer. Bd. 1: Von Lessing bis Hegel 1730–1830. 2. Auflage. Frankfurt a.M.: Fischer 1985 (= Fischer Taschenbuch 2008).

Neunzehntes Jahrhundert
Romantik, Biedermeier, Junges Deutschland, Realismus, Naturalismus

Autoren

JEAN PAUL:
Leben des Quintus Fixlein (1796)
Blumen-, Frucht- und Dornenstükke oder Ehestand, Tod und Hochzeit des Armenadvokaten F. St. Siebenkäs im Reichsmarktflecken Kuhschnappel (1796–97)
Titan (1800–03)
Flegeljahre (1804–05)

TIECK, Ludwig:
Der blonde Eckbert (1797)
Der gestiefelte Kater (1797)
Franz Sternbalds Wanderungen (1798)
Die verkehrte Welt (1800)
Phantasus (1812–1816)
Der junge Tischlermeister (1836)
Des Lebens Überfluß (1839)

WACKENRODER, Wilhelm Heinrich/TIECK, Ludwig:
Herzensergießungen eines kunstliebenden Klosterbruders (1797)

SCHLEGEL, Friedrich:
Über Goethes Meister (1798)
Athenaeums-Fragmente (1798–1800)
Lucinde (1799)

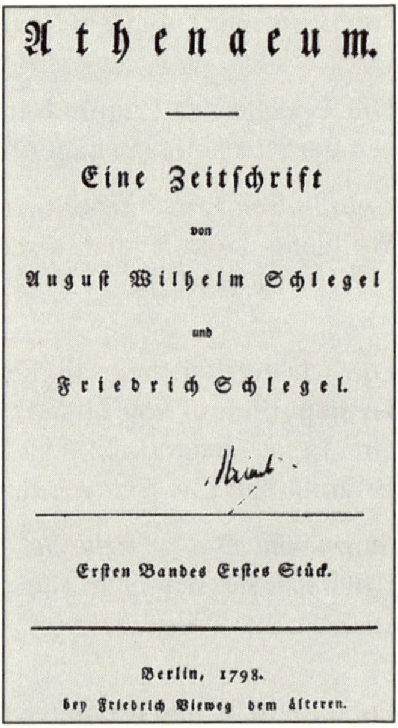
Athenaeum.

Eine Zeitschrift
von
August Wilhelm Schlegel
und
Friedrich Schlegel.

Ersten Bandes Erstes Stück.

Berlin, 1798.
bey Friedrich Vieweg dem älteren.

NOVALIS:
Die Christenheit oder Europa (1799, ED 1826)
Hymnen an die Nacht (1800)
Blüthenstaub-Fragmente (1802)
Heinrich von Ofterdingen (1802)

SEUME, Johann Gottfried:
Spaziergang nach Syrakus im Jahre 1802 (1803)

KLINGEMANN, August:
Nachtwachen von Bonaventura (1804)

BRENTANO, Clemens:
Ponce de Leon (1804)
Gockel Hinkel Gakeleja (1811; EA 1838)
Geschichte vom braven Kasperl und dem schönen Annerl (1838)

ARNIM, Achim von/BRENTANO, Clemens:
Des Knaben Wunderhorn (1806–08)

Penthesilea.

Ein Trauerspiel

von

Heinrich von Kleist.

Tübingen,
im Verlage der Cottaischen Buchhandlung
und gedruckt in Dresden bei Gärtner.

KLEIST, Heinrich von:
Amphitryon (1807)
Penthesilea (1808)
Die Marquise von O . . . (1808)
Michael Kohlhaas (1810)
Das Käthchen von Heilbronn oder Die Feuerprobe (1810)
Über das Marionettentheater (1810)
Der zerbrochne Krug (1811)
Prinz Friedrich von Homburg (1821)

HEBEL, Johann Peter:
Schatzkästlein des rheinischen Hausfreundes (1811)

FOUQUÉ, Friedrich de la Motte:
Undine (1811)

Der
zerbrochne Krug,
ein Lustspiel,
von
Heinrich von Kleist.
Berlin.
In der Realschulbuchhandlung.
1811.

Grimm, Jacob/Grimm, Wilhelm:
Kinder- und Hausmärchen (1812/1815)

Arnim, Achim von:
Isabella von Ägypten, Kaiser Karl des Fünften erste Jugendliebe (1812)
Der tolle Invalide auf dem Fort Ratonneau (1818)
Die Majoratsherren (1820)

Hoffmann, Ernst Theodor Amadeus:
Der goldne Topf (1814)
Die Elixiere des Teufels (1815/16)
Nachtstücke (1817)
Klein Zaches genannt Zinnober (1819)
Die Serapions-Brüder (1819–21)
Lebens-Ansichten des Katers Murr (1820–22)
Prinzessin Brambilla (1821)
Des Vetters Eckfenster (1822)

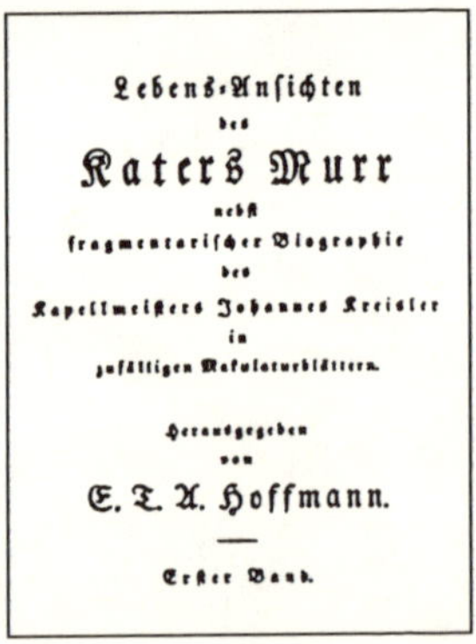
Lebens-Ansichten
des
Katers Murr
nebst
fragmentarischer Biographie
des
Kapellmeisters Johannes Kreisler
in
zufälligen Makulaturblättern.
Herausgegeben
von
E. T. A. Hoffmann.
Erster Band.

Chamisso, Adelbert von:
Peter Schlemihl's wundersame Geschichte (1814)

Eichendorff, Joseph von:
Ahnung und Gegenwart (1815)
Das Marmorbild (1826)
Aus dem Leben eines Taugenichts (1826)

Grillparzer, Franz:
König Ottokars Glück und Ende (1825)
Der Traum ein Leben (1840)
Weh dem, der lügt! (1840)
Der arme Spielmann (1847)

Hauff, Wilhelm:
Der Mann im Mond (1826)
Die Carawane (1826)
Das Wirtshaus im Spessart (1828)

Heine, Heinrich:
Reisebilder (1826–31)
Buch der Lieder (1827)
Die romantische Schule (1836)
Deutschland. Ein Wintermärchen (1844)
Atta Troll. Ein Sommernachtstraum. (1847)

Die

romantische Schule,

von

H. Heine.

Hamburg 1836.
Bei Hoffmann und Campe.

GRABBE, Christian Dietrich:
Scherz, Satire, Ironie und tiefere Bedeutung (1827)
Napoleon oder Die hundert Tage (1831)

RAIMUND, Ferdinand Jakob:
Der Alpenkönig und der Menschenfeind (1828)

BÖRNE, Ludwig:
Briefe aus Paris (1832–1834)

MÖRIKE, Eduard:
Maler Nolten (1832)
Mozart auf der Reise nach Prag (1856)

VARNHAGEN, Rahel:
Rahel. Ein Buch des Andenkens für ihre Freunde (1833)

BÜCHNER, Georg:
Der hessische Landbote (1834)
Danton's Tod (1835)
Leonce und Lena (1838)
Lenz (1839)
Woyzeck (EA 1879)

Maler Nolten.

Novelle

in zwei Theilen

von

Eduard Mörike.

Mit einer Musikbeilage.

I.

Stuttgart.
E. Schweizerbart's Verlagshandlung.
1832.

Danton's Tod.

Dramatische Bilder

aus

Frankreichs Schreckensherrschaft

von

Georg Büchner.

Frankfurt am Main.

Druck und Verlag von J. D. Sauerländer.

1835.

GUTZKOW, Karl Ferdinand:
Wally, die Zweiflerin (1835)

ARNIM, Bettine von:
Goethe's Briefwechsel mit einem Kinde (1835)
Dies Buch gehört dem König (1843)
Clemens Brentanos Frühlingskranz (1844)

NESTROY, Johann Nepomuk:
Der böse Geist Lumpacivagabundus (1835)
Einen Jux will er sich machen (1844)
Freiheit in Krähwinkel (1849)

IMMERMANN, Karl Leberecht:
Die Epigonen (1836)
Münchhausen (1838–39)

PLATEN, August Graf von:
Polenlieder (1839)

SEALSFIELD, Charles:
Das Kajütenbuch (1841)

DROSTE-HÜLSHOFF, Annette von:
Die Judenbuche (1842)

GOTTHELF, Jeremias:
Die schwarze Spinne (1842)

HEBBEL, Friedrich:
Maria Magdalene (1844)
Herodes und Mariamne (1850)
Agnes Bernauer (1855)

STIFTER, Adalbert:
Brigitta (1844)
Bunte Steine (Erstfassungen) (1853)
Der Nachsommer (1857)

ASTON, Louise:
Aus dem Leben einer Frau (1847)

STORM, Theodor:
Immensee (1852)
Hans und Heinz Kirch (1883)
Der Schimmelreiter (1888)

FREYTAG, Gustav:
Die Journalisten (1854)
Soll und Haben (1855)

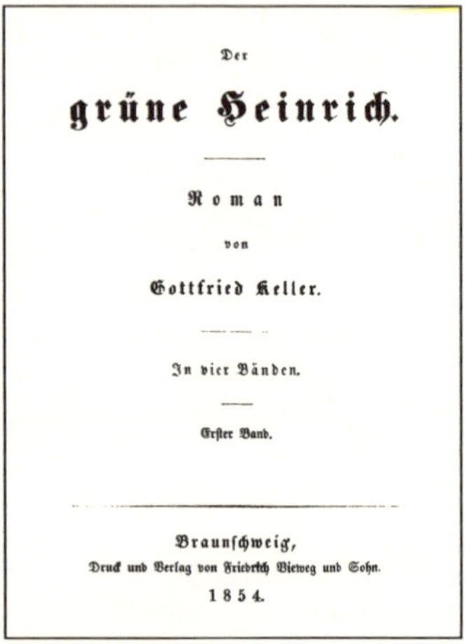

Der

grüne Heinrich.

Roman

von

Gottfried Keller.

In vier Bänden.

Erster Band.

Braunschweig,

Druck und Verlag von Friedrich Vieweg und Sohn.

1854.

Keller, Gottfried:
Der grüne Heinrich (1854–55)
Die Leute von Seldwyla (1856/1873–74)
Züricher Novellen (1878)
Das Sinngedicht (1882)
Martin Salander (1886)

Gottfried Keller

Raabe, Wilhelm:
Die Chronik der Sperlingsgasse (1857)
Der Hungerpastor (1864)
Abu Telfan (1868)
Stopfkuchen (1891)
Die Akten des Vogelsangs (1896)

Busch, Wilhelm:
Max und Moritz (1865)

Rückert, Friedrich:
Kindertodtenlieder (1872)

Meyer, Conrad Ferdinand:
Das Amulett (1873)
Der Schuß von der Kanzel (1877)
Jürg Jenatsch (1882)
Die Versuchung des Pescara (1887)

Marlitt, Eugenie:
Im Hause des Kommerzienrates (1877)

Anzengruber, Ludwig:
Das vierte Gebot (1878)

Fontane, Theodor:
Vor dem Sturm (1878)
Schach von Wuthenow (1883)
Unterm Birnbaum (1885)
Cécile (1887)
Irrungen, Wirrungen (1888)
Frau Jenny Treibel oder Wo sich Herz zu Herzen find't. (1892)
Meine Kinderjahre (1894)
Effi Briest (1895)

Der Stechlin (1899)
Mathilde Möhring (EA 1914)
Briefe an Georg Friedländer (EA 1954)

Der Stechlin

Roman

von

Theodor Fontane

Berlin W
F. Fontane & Co.
1899

EBNER-ESCHENBACH, Marie von:
Das Gemeindekind (1887)

HAUPTMANN, Gerhart:
Bahnwärter Thiel (1888)
Vor Sonnenaufgang (1889)
Die Weber (1892)
Der Biberpelz (1893)
Der rote Hahn (1901)

KRETZER, Max:
Meister Timpe (1888)

CONRADI, Hermann:
Adam Mensch (1889)

HOLZ, Arno/SCHLAF, Johannes:
Papa Hamlet (1889)
Die Familie Selicke (1890)

Verein Freie Bühne.

Sonntag, den 20. October 1889.

Vor Sonnenaufgang.

Soziales Drama in fünf Aufzügen von Gerhart Hauptmann.

Krause, Bauerngutsbesitzer	Hans Pagay.
Frau Krause, seine zweite Frau	Louise von Pöllnitz.
Helene, Krause's Tochter erster Ehe	Elsa Lehmann.
Hoffmann, Ingenieur, verheirathet mit Krause's anderer Tochter erster Ehe	Gustav Kadelburg.
Wilhelm Kahl, Neffe der Frau Krause	Carl Stallmann.
Frau Spiller, Gesellschafterin bei Frau Krause	Ida Stägemann.
Alfred Loth	Theodor Brandt.
Dr. Schimmelpfennig	Franz Guthery.
Beibst, Arbeitsmann auf Krause's Gut	Paul Pauly.
Guste, Liese, Marie, Mägde auf Krause's Gut	Sophie Berg, Clara Hayn, Antonie Ziegler.
Baer, genannt Hopslabaer	Ferdinand Meyer.
Eduard, Hoffmann's Diener	Edmund Schmasow.
Miele, Hausmädchen bei Frau Krause	Helene Schüle.
Die Kutschenfrau	Marie Gundra.
Golisch, genannt Gosch, Kuhjunge	Georg Baselt.

Ort der Handlung: ein Dorf in Schlesien.

Regie: Hans Meery.

Nach dem ersten Akt findet eine Pause statt.

Theaterzettel der Uraufführung

SUDERMANN, Hermann:
Die Ehre (1890)

WEDEKIND, Frank:
Frühlings Erwachen (1891)
Der Erdgeist (1895)
Die Büchse der Pandora (1904)

Wedekind. Zeichnung von Th. Th. Heine

HALBE, Max:
Jugend (1893)

HOLZ, Arno:
Phantasus (1898–99)

Arno Holz

Textsammlungen

Erzählungen von Ludwig TIECK, NOVALIS, Heinrich von KLEIST, Friedrich de la Motte FOUQUÉ, Adelbert von CHAMISSO, E.T.A. HOFFMANN, Clemens BRENTANO, Achim von ARNIM, Joseph von EICHENDORFF, Wilhelm HAUFF und Bettine von ARNIM enthält die Sammlung

Meistererzählungen der deutschen Romantik. Hrsg. von Albert Meier u.a. München: dtv 1985 (= dtv Klassik 2147).

Texte von Heinrich von KLEIST, Achim von ARNIM, Joseph von EICHENDORFF, Georg BÜCHNER, Jeremias GOTTHELF, Annette von DROSTE-HÜLSHOFF, Franz GRILLPARZER, Adalbert STIFTER, Conrad Ferdinand MEYER, Gottfried KELLER, Theodor STORM und Gerhart HAUPTMANN enthält die Sammlung

Deutsche Erzählungen des 19. Jahrhunderts. Von Kleist bis Hauptmann. Hrsg. von Joachim Horn u.a. München: dtv 1982, überarb. Neuausgabe 1996 (= dtv Weltliteratur 2099).

Kunstmärchen von Ludwig TIECK, Wilhelm Heinrich WACKENRODER, NOVALIS, Clemens BRENTANO, Joseph von EICHENDORFF, Friedrich de la Motte FOUQUÉ, Adelbert von CHAMISSO,

E.T.A. HOFFMANN, Achim von ARNIM und Wilhelm HAUFF enthält die Anthologie

Aller Zauber dieser Welt. Die schönsten Kunstmärchen der deutschen Romantik. Ausgewählt und mit einem Nachwort, Anmerkungen und bibliographischen Hinweisen versehen von Franz Loquai. München: Goldmann 1994 (= Goldmann Klassiker 7637).

Briefe von Karoline von GÜNDERRODE, Bettine von ARNIM, Rahel VARNHAGEN, Caroline BÖHMER-SCHLEGEL-SCHELLING, Dorothea VEIT-SCHLEGEL, Susette GONTARD enthält die Sammlung

Frauenbriefe der Romantik. Hrsg. und mit einem Nachwort von Katja Behrens. Frankfurt a.M.: Insel 1981, 2. Aufl. 1982 (= Insel Taschenbuch 545).

Gedichte von Achim von ARNIM, Sophie BERNHARDI-TIECK, Louise BRACHMANN, Bettine von ARNIM, Clemens BRENTANO, Friederike BRUN, Adelbert von CHAMISSO, Joseph von EICHENDORFF, Friedrich de la Motte FOUQUÉ, Johann Wolfgang von GOETHE, Karoline von GÜNDERRODE, NOVALIS, Johann Peter HEBEL, Heinrich HEINE, Friedrich HÖLDERLIN, Justinus KERNER, Theodor KÖRNER, Wilhelm MÜLLER, Friedrich RÜCKERT,

Gustav SCHWAB, Ludwig UHLAND, Marianne von WILLEMER und anderen finden sich in

1. *Gedichte 1800–1830.* Nach den Erstdrucken in zeitlicher Folge. Hrsg. von Jost Schillemeit. 2. Auflage. München: dtv 1978 (= Epochen der deutschen Lyrik. Bd. 7).
2. *Gedichte der Romantik.* Hrsg. von Wolfgang Frühwald. Stuttgart: Reclam 1984, Nachdruck 1993 (= RUB 8230).

Gedichte von Bettine von ARNIM, Ernst Moritz ARNDT, Otto Julius BIERBAUM, Wilhelm BUSCH, Adelbert von CHAMISSO, Felix DAHN, Max DAUTHENDEY, Richard DEHMEL, Annette von DROSTE-HÜLSHOFF, Joseph von EICHENDORFF, Ferdinand FREILIGRATH, Adolf GLASSBRENNER, Friedrich HEBBEL, Heinrich HEINE, Paul HEYSE, Arno HOLZ, Karl IMMERMANN, Friederike KEMPNER, Conrad Ferdinand MEYER, Eduard MÖRIKE, Friedrich NIETZSCHE, Robert PRUTZ, Rainer Maria RILKE, Theodor STORM, Ludwig UHLAND, Wilhelm WAIBLINGER, Karl WOLFSKEHL u.a. enthält die Sammlung

Gedichte 1830–1900. Nach den Erstdrucken in zeitlicher Folge. Hrsg. von Ralph-Rainer Wuthenow. 3. Auflage. München: dtv 1981 (= Epochen der deutschen Lyrik. Bd. 8).

Gedichte von Rudolf BAUMBACH, Wilhelm BUSCH, Felix DAHN, Emanuel GEIBEL, Georg HERWEGH, Paul HEYSE, Karl STIELER u.a. enthält der Band

Lyrik der Gründerzeit. Hrsg. von Günther Mahal. Tübingen: Niemeyer 1973 (= Deutsche Texte 26).

Zu einzelnen literarischen **Epochen** des 19. Jahrhunderts liegen **Anthologien** vor:

1. *Die politische Romantik in Deutschland.* Eine Textsammlung. Hrsg. von Klaus Peter. Stuttgart: Reclam 1985 (= RUB 8093)

2. *Das Junge Deutschland.* Texte und Dokumente. Hrsg. von Jost Hermand. Stuttgart: Reclam 1966, bibliograph. ergänzt 1998 (= RUB 8703–07).
3. *Der deutsche Vormärz.* Texte und Dokumente. Hrsg. von Jost Hermand. Stuttgart: Reclam 1968, ergänzt 1976, Nachdruck 1997 (= RUB 8794–98).
4. *Theorie des bürgerlichen Realismus.* Hrsg. von Gerhard Plumpe. Stuttgart: Reclam 1985, bibliograph. ergänzt 1997 (= RUB 8277).
5. *Theorie des Naturalismus.* Hrsg. von Theo Meyer. Stuttgart: Reclam 1973, bibliograph. ergänzt 1997 (= RUB 9475–78).
6. *Lyrik des Naturalismus.* Hrsg. von Jürgen Schutte. Stuttgart: Reclam 1982 (= RUB 7807).
7. *Prosa des Naturalismus.* Hrsg. von Gerhard Schulz. Stuttgart: Reclam 1987 (= RUB 9471).

Eine Textsammlung, die poetologische Texte zur **Romantheorie** des 19. Jahrhunderts enthält, erschien unter dem Titel

Romanpoetik in Deutschland. Von Hegel bis Fontane. Hrsg. von Hartmut Steinecke. Tübingen: Narr 1984 (= Deutsche TextBibliothek 3).

Die Abgrenzung zu anderen Prosaformen sowie deren eigenständige Entwicklung im 19. Jahrhundert dokumentiert der Band

Theorie und Kritik der deutschen Novelle von Wieland bis Musil. Hrsg. von Karl Konrad Polheim. Tübingen: Niemeyer 1970 (= Deutsche Texte 13).

Von besonderer Bedeutung für die Literatur des 19. Jahrhunderts ist die Entwicklung des Zeitschriftenmarktes. Im Rahmen der periodisch erscheinenden **Zeitungen** gewinnt auch die Literaturkritik eine neue Bedeutung. Ausgewählte Zeitungstexte aus dem 19. und 20. Jahrhundert von Ludwig BÖRNE, Heinrich HEINE, Karl GUTZKOW, Theodor FONTANE, Adolf GLASSBRENNER, Levin SCHÜCKING, Alfred POLGAR, Anton KUH, Alfred KERR, René SCHICKELE enthält die Sammlung

Klassiker des Feuilletons. Ausgewählt von Hans Bender. Stuttgart: Reclam 1965, Nachdruck 1967 (= RUB 8965–67).

DER FREISCHÄRLER.

Für Kunst und sociales Leben.

Redigirt von Louise Aston.

Nr. 1. Mittwoch, den 1. November. 1848.

Im Oktober.

Trübe Bilder ziehn vorüber,
Und es bluten alte Wunden!
Völker schüttelt rings das Fieber:
Kann ein krankes Herz gesunden?

Seit der heil'gen Nacht des Märzen
Ging manch' schöne Hoffnung unter
Und der jungen Freiheit Kerzen
Brannten matt und tief herunter!

Und wir steh'n mit dumpfem Schweigen
Bei dem früh erlosch'nen Glanze;
Der Begeist'rung wilder Reigen
Ward zu früh zum Todtentanze.

Trübe Bilder ziehn vorüber,
Und es bluten alte Wunden!
Völker schüttelt rings das Fieber:
Kann ein krankes Herz gesunden?

Alten das erste Glas davon eingeschenkt und er davon gekostet hatte, da wandte er sich ruhig um und sagte blos: „So, so — also das ist Rheinwein!“ Bewährte Psychologen wollen aus dieser Aeußerung den Schluß ziehen: hätte der alte Claudius schon früher einmal Rheinwein getrunken, so wäre unser deutscher Liederschatz um eine seiner kostbarsten Perlen ärmer geblieben. Ich mag mich auf diese Untersuchung nicht einlassen; ich meine aber, man könnte aus der Geschichte noch eine andere Moral ziehen, nämlich die, daß man sehr gut über Dinge reden kann, die man nicht kennt und versteht. — Ich bin reactionär; ich stehe auf dem historischen Standpunkt, auf dem Boden der Geschichte, und auch hier finde ich durch die Erfahrung meine Moral gerechtfertigt. Wie viele Recensenten zum Beispiel lesen die Bücher, die sie zu kritisiren haben, gar nicht? Natürlich nur um nicht in ihrem Urtheil captivirt zu werden und sich desto unparteiischer verhalten zu können. Und ich habe gefun-

Zwanzigstes Jahrhundert 1

Textsammlungen zum gesamten 20. Jahrhundert

Gedichte von Gottfried BENN, Bertolt BRECHT, Richard DEHMEL, Günter EICH, Claire GOLL, Otto Erich HARTLEBEN, Arno HOLZ, Georg HEYM, Walter HASENCLEVER, Erich KÄSTNER, Karl KRAUS, Oskar LOERKE, Detlev Freiherr von LILIENCRON, Christian MORGENSTERN, Rainer Maria RILKE, Hermann HESSE, Ludwig THOMA, Kurt TUCHOLSKY, Robert WALSER, Frank WEDEKIND, Franz WERFEL, Stefan ZWEIG, Paul ZECH u.a. enthält die Sammlung

Gedichte 1900–1960. Nach den Erstdrucken in zeitlicher Folge. Hrsg. von Gisela Lindemann. 2 Teile. 2., durchgesehene Auflage. München: dtv 1984 (= Epochen der deutschen Lyrik. Bd. 9).

Nach thematischen Schwerpunkten geordnete **Gedichte der Zwanziger Jahre** enthält die umfangreiche Anthologie

Deutsche Gedichte zwischen 1918 und 1933. In Zusammenarbeit mit Ingrid Kreuzer hrsg. von Helmut Kreuzer. Stuttgart: Reclam 1999 (= RUB 9711).

Gedichte aus dem gesamten 20. Jahrhundert (das erste Kapitel lautet: „Prolog. Vor der Jahrhundertwende“, das letzte Kapitel lautet: „Offener Schluß am Ende des Jahrhunderts“) präsentiert die Sammlung

Jahrhundertgedächtnis. Deutsche Lyrik im 20. Jahrhundert. Hrsg. von Harald Hartung. Stuttgart: Reclam 1999 (= RUB 9742).

Dramen und zum Teil auch **Hörspiele** des 20. Jahrhunderts präsentieren die seit 1956 erscheinenden Sammelbände

Spectaculum. Moderne Theaterstücke. Frankfurt a.M.: Suhrkamp: 1956 (Bd.1) bis 1999 (Bd. 68).

Jahrhundertwende, Expressionismus

Autoren

HOFMANNSTHAL, Hugo von:
Der Tor und der Tod (1893)
Ein Brief (Der Brief des Lord Chandos) (1902)
Der Schwierige (1921)
Der Unbestechliche (1923)

GEORGE, Stefan:
Der Teppich des Lebens (1900)
Der Siebente Ring (1907)

SCHNITZLER, Arthur:
Lieutenant Gustl (1901)
Reigen (1903)
Fräulein Else (1924)
Traumnovelle (1926)

MANN, Thomas:
Buddenbrooks (1901)
Tonio Kröger (1903)
Königliche Hoheit (1909)
Der Tod in Venedig (1912)
Der Zauberberg (1924)
Joseph und seine Brüder (1933–43)
Lotte in Weimar (1939)
Doktor Faustus (1947)
Bekenntnisse des Hochstaplers Felix Krull (1954)

RILKE, Rainer Maria:
Das Stunden-Buch (1905)
Die Aufzeichnungen des Malte Laurids Brigge (1910)

Duineser Elegien (1923)
Die Sonette an Orpheus (1923)

MANN, Heinrich:
Professor Unrat oder Das Ende eines Tyrannen (1905)
Geist und Tat (1911)
Der Untertan (1918)
Die Jugend des Königs Henri Quatre. – Die Vollendung des Königs Henri Quatre (1935/38)
Ein Zeitalter wird besichtigt (1945)

HEINRICH MANN
Für die AKTION gezeichnet von MAX OPPENHEIMER

Heinrich Mann

Professor Unrat

oder

Das Ende eines Tyrannen

Roman

Albert Langen
Verlag für Litteratur und Kunst
München 1905

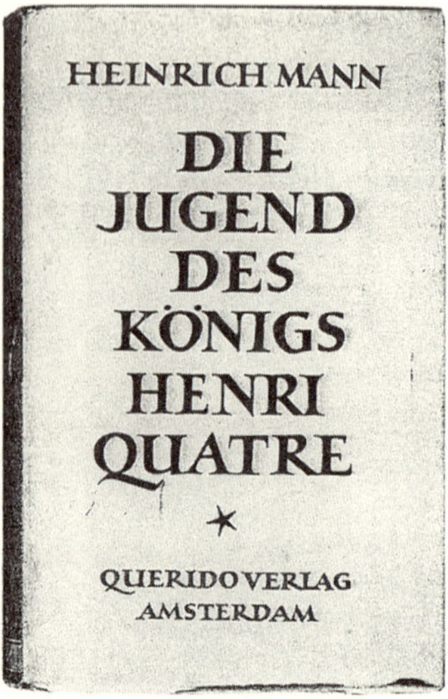

MUSIL, Robert:
Die Verwirrungen des Zöglings Törleß (1906)
Der Mann ohne Eigenschaften (1930–43)

Die Verwirrungen
des Zöglings Törleß
von
Robert Musil

Zweite Auflage

München und Leipzig
Verlegt bei Georg Müller 1911

THOMA, Ludwig:
Moral (1908)
Magdalena (1912)

WALSER, Robert:
Der Gehülfe (1908)
Jakob von Gunten (1909)

LASKER-SCHÜLER, Else:
Die Wupper (1909)

HEYM, Georg:
Der ewige Tag (1911)

STERNHEIM, Carl:
Die Hose (1911)
Die Kassette (1912)
Bürger Schippel (1913)

BENN, Gottfried:
Morgue (1912)
Statische Gedichte (1948)
Probleme der Lyrik (1951)

EINSTEIN, Carl:
Bebuquin oder Die Dilettanten des Wunders (1912)

DÖBLIN, Alfred:
Die Ermordung einer Butterblume (1913)
Berlin Alexanderplatz (1929)
Hamlet oder Die lange Nacht nimmt ein Ende (1956)

HASENCLEVER, Walter:
Der Sohn (1914)

KAISER, Georg:
Die Bürger von Calais (1914)
Gas I/Gas II (1918–20)

KRAUS, Karl:
Die letzten Tage der Menschheit (1919)

PINTHUS, Kurt (Hrsg.):
Menschheitsdämmerung (1920)

TOLLER, Ernst:
Masse Mensch (1921)
Hoppla, wir leben! (1927)
Eine Jugend in Deutschland (1933)

BRONNEN, Arnolt:
Vatermord (1922)

MEYRINK, Gustav:
Der Golem (1915)

KAFKA, Franz:
Die Verwandlung (1915)
Das Urteil (1916)
In der Strafkolonie (1919)
Der Proceß (1925)
Das Schloß (1926)

FRANK, Leonhard:
Der Mensch ist gut (1917)

HESSE, Hermann:
Demian. Die Geschichte einer Jugend von Emil Sinclair (1919)
Siddharta (1922)
Der Steppenwolf (1927)
Das Glasperlenspiel (1943)

Textsammlungen

Erzählungen von Johannes R. BECHER, Gottfried BENN, Alfred DÖBLIN, Kasimir EDSCHMID, Max BROD, Carl EINSTEIN, Oskar LOERKE, Oskar KOKOSCHKA, Alfred LICHTENSTEIN, Heinrich MANN, Kurt SCHWITTERS, Paul ZECH u.a. enthält die Sammlung

Prosa des Expressionismus. Hrsg. von Fritz Martini. Stuttgart: Reclam 1970, Nachdruck 1993 (= RUB 8379–82).

Erzählungen von Hermann BROCH, Albert EHRENSTEIN, Paul ERNST, Hermann HESSE, Georg HEYM, Paul HEYSE, Hugo von HOFMANNSTHAL, Ricarda HUCH, Eduard KEYSERLING, Isolde KURZ, Rainer Maria RILKE, Ferdinand von SAAR, Paul Scheerbart, Arthur SCHNITZLER, August STRAMM u.a. befinden sich in dem Band

Anbruch der Gegenwart. Deutsche Geschichten 1900–1918. Hrsg. von Marcel Reich-Ranicki. München: Piper 1992 (= Serie Piper 1547).

Gedichte des Dadaismus präsentiert die Anthologie

113 DADA-Gedichte. Hrsg. von Karl Riha. Berlin: Wagenbach 1982.

Zu **Gedichten** aus dieser Zeit vgl. auch den Abschnitt „Textsammlungen zum gesamten 20. Jahrhundert“ (S. 63).

Zwanzigstes Jahrhundert 2

Literatur der Zwanziger und Dreißiger Jahre, Exilliteratur

Autoren

JÜNGER, Ernst:
In Stahlgewittern (1920)
Auf den Marmorklippen (1939)

KISCH, Egon Erwin:
Der rasende Reporter (1924)

BARLACH, Ernst:
Die Sündflut (1924)

FEUCHTWANGER, Lion:
Jud Süß (1925)
Erfolg (1930)

ZUCKMAYER, Carl:
Der fröhliche Weinberg (1925)
Der Hauptmann von Köpenick (1930)
Des Teufels General (1946)

WASSERMANN, Jakob:
Der Aufruhr um den Junker Ernst (1926)
Der Fall Maurizius (1928)

TRAVEN, B.:
Das Totenschiff (1926)

ZWEIG, Stefan:
Sternstunden der Menschheit (1927)
Schachnovelle (1942)

ZWEIG, Arnold:
Der Streit um den Sergeanten Grischa (1927)

BRECHT, Bertolt:
Hauspostille (1927)
Die Dreigroschenoper (1929)
Herr Puntila und sein Knecht Matti (1948)
Mutter Courage und ihre Kinder (1949)
Der gute Mensch von Sezuan (1953)
Buckower Elegien (1954)
Leben des Galilei (1955)
Flüchtlingsgespräche (EA 1961)

ROTH, Joseph:
Juden auf Wanderschaft (1927)
Hiob (1930)
Radetzkymarsch (1932)
Das falsche Gewicht (1937)
Die Kapuzinergruft (1938)

GRAF, Oskar Maria:
Wir sind Gefangene (1927)

GLAESER, Ernst:
Jahrgang 1922 (1928)

TUCHOLSKY, Kurt:
Mit 5 PS (1928)
Deutschland, Deutschland über alles! (1929)

WERFEL, Franz:
Der Abituriententag (1928)
Jacobowski und der Oberst (1944)

REMARQUE, Erich Maria:
Im Westen nichts Neues (1929)

FLEISSER, Marieluise:
Pioniere in Ingolstadt (1929)
Der Tiefseefisch (1930/72)

CAROSSA, Hans:
Der Arzt Gion (1931)

KÄSTNER, Erich:
Fabian (1931)
Dr. Erich Kästners lyrische Hausapotheke (1936)

LE FORT, Gertrud von:
Die Letzte am Schafott (1931)

BROCH, Hermann:
Die Schlafwandler (1931–32)
Der Tod des Vergil (1945)

HORVÁTH, Ödön von:
Geschichten aus dem Wiener Wald (1931)
Italienische Nacht (1931)
Jugend ohne Gott (1938)

BRITTING, Georg:
Lebenslauf eines dicken Mannes, der Hamlet hieß (1932)

FALLADA, Hans:
Kleiner Mann – was nun? (1932)

BERGENGRUEN, Werner:
Der Großtyrann und das Gericht (1935)

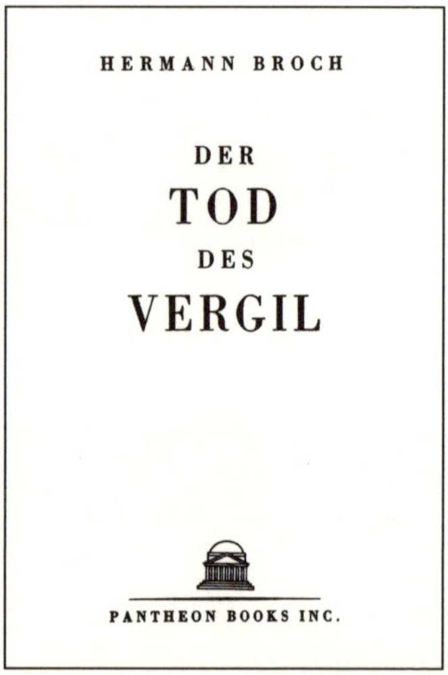

CANETTI, Elias:
Die Blendung (1935)
Die gerettete Zunge (1977)

MANN, Klaus:
Mephisto (1936)
Der Vulkan (1939)

SEGHERS, Anna:
Das siebte Kreuz (1942)

Textsammlungen

Erzählungen von Stefan ANDRES, Ulrich BECHER, Werner BERGENGRUEN, Friedrich BISCHOFF, Georg BRITTING, Martin BUBER, Heimito von DODERER, Alfred DÖBLIN, Bruno FRANK, Albrecht GOES, Ödön von HÖRVÁTH, Friedo LAMPE, Horst LANGE, Elisabeth LANGGÄSSER, Gertrud von LE FORT, Joseph ROTH, Wilhelm SCHÄFER, Wilhelm von SCHOLZ, Robert WALSER, Josef WEINHEBER, Ernst WEISS, Albin ZOLLINGER u.a. enthalten die beiden Bände

Gesichtete Zeit. Deutsche Geschichten 1918–1933. Hrsg. von Marcel Reich-Ranicki. München: Piper 1992 (= Serie Piper 01612).

Notwendige Geschichten 1933–1945. Hrsg. von Marcel Reich-Ranicki. München: Piper 1994 (= Serie Piper 01613).

Texte zur Exilliteratur finden sich in dem Band

Deutsche Literatur im Exil 1933–1945. Texte und Dokumente. Hrsg. von Michael Winkler. Stuttgart: Reclam 1977, Nachdruck 1995 (= RUB 9865).

Gedichte von Hans ARP, Johannes R. BECHER, Bertolt BRECHT, Hermann BROCH, Fritz BRÜGEL, Paul CELAN, Hilde DOMIN, Erich FRIED, Oskar Maria GRAF, Stefan HEYM, Georg KAISER, Mascha KALÉKO, Alfred KERR, Paul KLEE, Gertrud KOLMAR, Else LASKER-SCHÜLER, Rudolf LEONHARD, Theodor PLIEVIER, Nelly SACHS, Kurt SCHWITTERS, Jesse THOOR, Kurt TUCHOLKSY, Peter WEISS, Franz WERFEL, Paul ZECH, Carl ZUCKMAYER, u.a. enthält der Band

Lyrik des Exils. Hrsg. von Wolfgang Emmerich und Susanne Heil. Stuttgart: Reclam 1985, bio-bibliographisch erg. Ausgabe 1997 (= RUB 8089).

Zwanzigstes Jahrhundert 3

Nachkriegs- und Gegenwartsliteratur, Literatur der beiden deutschen Staaten

Autoren

KREUDER, Ernst:
Die Gesellschaft auf dem Dachboden (1946)

LANGGÄSSER, Elisabeth:
Das unauslöschliche Siegel (1946)

HAUSHOFER, Albrecht:
Moabiter Sonette (1946)

KASACK, Hermann:
Die Stadt hinter dem Strom (1947)

BORCHERT, Wolfgang:
Draußen vor der Tür (1947)

NOSSACK, Hans Erich:
Interview mit dem Tode (1948)

SCHMIDT, Arno:
Leviathan (1949)
Das steinerne Herz (1956)
Zettels Traum (1970)

JAHNN, Hans Henny:
Fluß ohne Ufer (1949–1950)

FRISCH, Max:
Tagebuch 1946–1949 (1950)
Stiller (1954)
Homo faber (1957)
Biedermann und die Brandstifter (1958)

Andorra (1961)
Mein Name sei Gantenbein (1964)
Wilhelm Tell für die Schule (1971)

BÖLL, Heinrich:
Wanderer, kommst du nach Spa ... (1950)
Doktor Murkes gesammeltes Schweigen und andere Satiren (1958)
Ansichten eines Clowns (1963)
Die verlorene Ehre der Katharina Blum (1974)

DODERER, Heimito von:
Die Strudlhofstiege (1951)

SALOMON, Ernst von:
Der Fragebogen (1951)

EICH, Günter:
Träume (1951)
Allah hat hundert Namen (1958)
Das Mädchen aus Viterbo (1960)

CELAN, Paul:
Mohn und Gedächtnis (1952)

KASCHNITZ, Marie Luise:
Das dicke Kind und andere Erzählungen (1952)
Lange Schatten (1960)

HILDESHEIMER, Wolfgang:
Lieblose Legenden (1952)
Tynset (1965)
Marbot (1981)

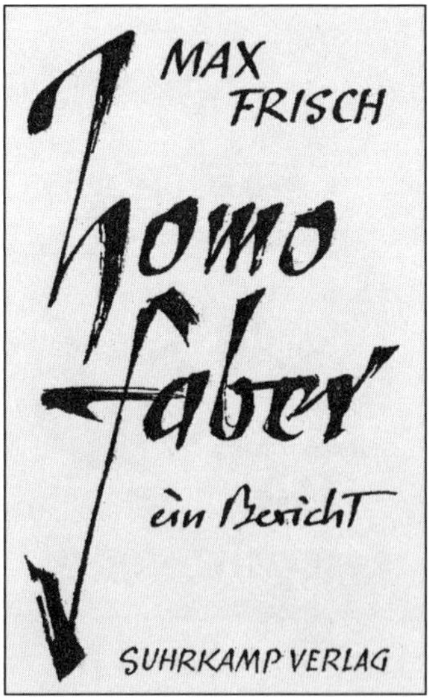

DÜRRENMATT, Friedrich:
Der Richter und sein Henker (1952)
Der Besuch der alten Dame (1956)
Die Physiker (1962)

BACHMANN, Ingeborg:
Die gestundete Zeit (1953)
Der gute Gott von Manhattan (1958)
Das dreißigste Jahr (1961)
Malina (1971)

AICHINGER, Ilse:
Der Gefesselte (1953)

KOEPPEN, Wolfgang:
Das Treibhaus (1953)

Der Tod in Rom (1954)
Jugend (1976)

LENZ, Siegfried:
So zärtlich war Suleyken (1955)
Deutschstunde (1968)

ANDERSCH, Alfred:
Sansibar oder der letzte Grund (1957)
Der Vater eines Mörders (1980)

APITZ, Bruno:
Nackt unter Wölfen (1958)

JOHNSON, Uwe:
Mutmaßungen über Jakob (1959)
Jahrestage – Aus dem Leben von Gesine Cresspahl (1970–83)

RÜHMKORF, Peter:
Irdisches Vergnügen in g (1959)

GRASS, Günter:
Die Blechtrommel (1959)
Katz und Maus (1961)
Das Treffen in Telgte (1979)

WALSER, Martin:
Halbzeit (1960)
Ein fliehendes Pferd (1978)
Der springende Brunnen (1998)

ENZENSBERGER, Hans Magnus:
landessprache (1960)
Der Untergang der Titanic (1978)

BOBROWSKI, Johannes:
Sarmatische Zeit (1961)
Levins Mühle (1964)

KLUGE, Alexander:
Lebensläufe (1962)

FÜHMANN, Franz:
Das Judenauto (1962)

WOLF, Christa:
Der geteilte Himmel (1963)
Kassandra (1983)
Was bleibt (1990)

HOCHHUTH, Rolf:
Der Stellvertreter (1963)

HUCHEL, Peter:
Chausseen Chausseen (1963)

STRITTMATTER, Erwin:
Ole Bienkopp (1963)

KIPPHARDT, Heinar:
In der Sache J. Robert Oppenheimer (1964)

ELSNER, Gisela:
Die Riesenzwerge (1964)

KANT, Hermann:
Die Aula (1964)

WEISS, Peter:
Die Verfolgung und Ermordung Jean Paul Marats (1964)
Die Ermittlung (1965)
Die Ästhetik des Widerstands (1975–81)

BIERMANN, Wolf:
Die Drahtharfe (1965)

MÜLLER, Heiner:
Philoktet (1965)
Germania Tod in Berlin (1977)

FRIED, Erich:
und VIETNAM und (1966)

FRIES, Fritz Rudolf:
Der Weg nach Oobliadooh (1966)

JANDL, Ernst:
Laut und Luise (1966)

HANDKE, Peter:
Publikumsbeschimpfung (1966)
Wunschloses Unglück (1972)

KUNZE, Reiner:
Die wunderbaren Jahre (1966)

KUNERT, Günter:
Im Namen der Hüte (1967)

BRUYN, Günter de:
Buridans Esel (1968)

RUNGE, Erika:
Bottroper Protokolle (1968)

FASSBINDER, Rainer Werner:
Katzelmacher (1969/UA 1968)

DORST, Tankred:
Toller (1968)
Merlin (1981)

BECKER, Jurek:
Jakob der Lügner (1969)
Amanda herzlos (1992)

KROETZ, Franz Xaver:
Stallerhof (1971)
Oberösterreich (1972)

KEMPOWSKI, Walter:
Tadellöser & Wolff (1971)

BERNHARD, Thomas:
Der Ignorant und der Wahnsinnige (1972)
Wittgensteins Neffe (1982)
Alte Meister (1985)

KIRSCH, Sarah:
Zaubersprüche (1973)

PLENZDORF, Ulrich:
Die neuen Leiden des jungen W. (1973)

SCHNEIDER, Peter:
Lenz (1973)

MORGNER, Irmtraud:
Leben und Abenteuer der Trobadora Beatriz nach Zeugnissen ihrer Spielfrau Laura (1974)

MUSCHG, Adolf:
Albissers Grund (1974)
Der Rote Ritter. Eine Geschichte von Parzival (1993)

JELINEK, Elfriede:
Die Liebhaberinnen (1975)
Die Klavierspielerin (1983)
Lust (1989)

BURGER, Hermann:
Schilten (1976)

HACKS, Peter:
Ein Gespräch im Hause Stein über den abwesenden Herrn von Goethe (1976)

SCHÄDLICH, Hans Joachim:
Versuchte Nähe (1977)
Tallhover (1986)

VESPER, Bernward:
Die Reise (1977)

HEYM, Stefan:
Collin (1979)

BRINKMANN, Rolf Dieter:
Rom, Blicke (1979)

HÄRTLING, Peter:
Nachgetragene Liebe (1980)

MECKEL, Christoph:
Suchbild (1980)

ROTH, Friederike:
Klavierspiele (1980)
Ritt auf die Wartburg (1981)

MARON, Monika:
Flugasche (1981)
Stille Zeile Sechs (1991)

STRAUSS, Botho:
Paare – Passanten (1981)
Der junge Mann (1984)

NADOLNY, Sten:
Die Entdeckung der Langsamkeit (1983)

KIESERITZKY, Ingomar von:
Obsession. Ein Liebesfall (1984)

BRAUN, Volker:
Hinze-Kunze-Roman (1985)

SÜSKIND, Patrick:
Das Parfüm (1986)

GEISSLER, Christian:
kamalatta. romantisches fragment (1988)

RANSMAYR, Christoph:
Die letzte Welt (1988)

Textsammlungen

Texte von Walter BAUER, Gottfried BENN, Heinrich BÖLL, Wolfgang BORCHERT, Günter EICH, Hans Erich NOSSACK, Kurt KUSENBERG, Luise RINSER, Ernst WIECHERT u.a. enthält der Band

Die Stunde Eins. Erzählungen, Reportagen, Essays aus der Nachkriegszeit. Hrsg. von Bernd Schmidt und Hannes Schwenger. München: dtv 1982 (= dtv 1780).

Kurzgeschichten von Alfred ANDERSCH, Hans BENDER, Johannes BOBROWSKI, Wolfgang BORCHERT, Herbert EISENREICH, Marie Luise KASCHNITZ, Alexander KLUGE, Elisabeth LANGGÄSSER, Wolfgang HILDESHEIMER, Siegfried LENZ, Wolfgang WEYRAUCH u.a. enthält der Band

Erzählte Zeit. 50 deutsche Kurzgeschichten der Gegenwart. Hrsg. von Manfred Durzak. Stuttgart: Reclam 1980, Nachdruck 1992 (= RUB 9996).

Erzählungen u.a. von Ilse AICHINGER, Ingeborg BACHMANN, Johannes R. BECHER, Peter BICHSEL, Horst BIENEK, Heinrich BÖLL, Elias CANETTI, Franz FÜHMANN, Günter GRASS, Peter HÄRTLING, Stephan HERMLIN, Walter JENS, Hans Henny JAHNN, Ernst JÜNGER, Marie Luise KASCHNITZ, Kurt MARTI, Hans Erich NOSSACK, Jens REHN, Christa REINIG, Arno SCHMIDT, Ernst SCHNABEL, Wolfdietrich SCHNURRE, Renate SCHOSTACK, Erwin STRITTMATTER, Otto F. WALTER, Peter WEISS enthalten die beiden Sammelbände

Erfundene Wahrheit. Deutsche Geschichten 1945–1960. Hrsg. von Marcel Reich-Ranicki. München: Piper 1995 (= Serie Piper 01614).

Verteidigung der Zukunft. Deutsche Geschichten 1960 bis 1980. Hrsg. von Marcel Reich-Ranicki. München: Piper 1995 (= Serie Piper 01615).

Texte von Hans Magnus ENZENSBERGER, Klaus SCHLESINGER, Thomas BRASCH, Eckhard HENSCHEID, Michael BUSELMEIER, Peter SCHNEIDER, Hanns Josef ORTHEIL, Herbert ACHTERNBUSCH, Hubert FICHTE, Helga SCHUBERT, Günter HERBURGER, Oskar PASTIOR, Gabriele WOHMANN, Michael KRÜGER u.a. enthält das

Lesebuch. Deutsche Literatur der siebziger Jahre. Hrsg. von Christoph Buchwald und Klaus Wagenbach. Berlin: Wagenbach 1984, veränderte Neuausgabe: Berlin: Wagenbach 1995.

Texte der Nachkriegszeit finden sich in der vierbändigen Sammlung

Die deutsche Literatur 1945–1960. Gesammelt und hrsg. von Heinz L. Arnold. München: Beck 1995:

Band 1: *Draussen vor der Tür.* 1945–1948.

Band 2: *Doppelleben.* 1949–1952.

Band 3: *Im Treibhaus.* 1953–1956.

Band 4: *Die Wunderkinder.* 1957–1960.

Gedichte von Rose AUSLÄNDER, Ingeborg BACHMANN, Horst BIENEK, Johannes BOBROWSKI, Elisabeth BORCHERS, Wolfgang BORCHERT, Christine BUSTA, Paul CELAN, Günter EICH, Hans Magnus ENZENSBERGER, Erich FRIED, Günter GRASS, Peter HÄRTLING, Rudolf HAGELSTANGE, Peter HAMM, Rudolf HARTUNG, Helmut HEISSENBÜTTEL, Stephan HERMLIN, Walter HÖLLERER, Peter HUCHEL, Marie Luise KASCHNITZ, Karl KROLOW, Ernst MEISTER, Franz MON, Heinz PIONTEK, Christa REINIG, Peter RÜHMKORF, Nelly SACHS, Wolfdietrich SCHNURRE, Wolfgang WEYRAUCH u.a. enthält die Sammlung

Deutsche Lyrik. Gedichte seit 1945. Hrsg. von Horst Bingel. 8. Auflage. München: dtv 1978 (= dtv 5320).

Gedichte der siebziger und achtziger Jahre von Ilse AICHINGER, Jürgen BECKER, Wolf BIERMANN, Thomas BRASCH, Volker BRAUN, Heinz CZECHOWSKI, F. C. DELIUS, Kurt DRAWERT, Adolf ENDLER, Elke ERB, Durs GRÜNBEIN, Peter HANDKE, Ernst JANDL, Sarah KIRSCH, Karin KIWUS, Uwe KOLBE, Michael KRÜGER, Günter KUNERT, Reiner KUNZE, Rainer MALKOWSKI, Friederike MAYRÖCKER, Christoph MECKEL, Jürgen RENNERT, Thomas ROSENLÖCHER, Gerhard RÜHM, Doris, RUNGE, Jürgen THEOBALDY, B. K. TRAGELEHN, Guntram VESPER, Bernd WAGNER, Paul WÜHR und vielen anderen enthalten die Sammlungen

Lyrik für Leser. Deutsche Gedichte der siebziger Jahre. Hrsg. von Volker Hage. Stuttgart: Reclam 1980, Nachdruck 1986 (= RUB 9976).

Punktzeit. Deutschsprachige Lyrik der achtziger Jahre. Hrsg. von Michael Braun und Hans Thill. Heidelberg: Verlag Das Wunderhorn 1987.

Was sind das für Zeiten. Deutschsprachige Gedichte der achtziger Jahre. Hrsg. von Hans Bender. München: Hanser 1988 (als Taschenbuch: Frankfurt a.M.: Fischer 1990).

Ein Molotow-Cocktail auf fremder Bettkante. Lyrik der siebziger/achtziger Jahre von Dichtern aus der DDR. Ein Lesebuch. Hrsg. von Peter Geist. Leipzig: Reclam 1991 (= Reclam-Bibliothek Band 1399).

Texte der Konkreten Poesie bietet

konkrete poesie. deutschsprachige autoren. anthologie von eugen gomringer. Stuttgart: Reclam 1991 (= RUB 9350).

Zwanzigstes Jahrhundert 4

Literatur seit 1989

Autoren

HEIN, Christoph:
Der Tangospieler (1989)

HÜRLIMANN, Thomas:
Das Gartenhaus (1989)
Der große Kater (1998)

HETTCHE, Thomas:
Ludwig muß sterben (1989)
Nox (1995)

KIRCHHOFF, Bodo:
Infanta (1990)
Der Sandmann (1992)

HARIG, Ludwig:
Weh dem, der aus der Reihe tanzt (1990)

WOELK, Ulrich:
Freigang (1990)

VANDERBEKE, Birgit:
Das Muschelessen (1990)
Alberta empfängt einen Liebhaber (1997)

SPENGLER, Tilman:
Lenins Hirn (1991)

KÖPF, Gerhard:
Borges gibt es nicht (1991)

SEBALD, Winfried Georg:
Die Ausgewanderten (1992)

SCHNEIDER, Robert:
Schlafes Bruder (1992)

SCHINDEL, Robert:
Gebürtig (1992)

ORTHEIL, Hanns-Josef:
Abschied von den Kriegsteilnehmern (1992)
Lagunenlicht (1999)

MÜLLER, Herta:
Der Fuchs war damals schon der Jäger (1992)

GENAZINO, Wilhelm:
Leise singende Frauen (1992)

ALTENBURG, Matthias:
Die Liebe der Menschenfresser (1992)

KLEEBERG, Michael:
Proteus der Pilger (1993)
Ein Garten im Norden (1998)

TIMM, Uwe:
Die Entdeckung der Currywurst (1993)

WEBER, Peter:
Der Wettermacher (1993)

HOFMANN, Gert:
Die kleine Stechardin (1994)

WALSER, Alissa:
Dies ist nicht meine ganze Geschichte (1994)

BEYER, Marcel:
Flughunde (1995)

BRÜSSIG, Thomas:
Helden wie wir (1995)

HASLINGER, Josef:
Opernball (1995)

KÖHLMEIER, Michael:
Telemach (1995)

MENASSE, Robert:
Schubumkehr (1995)

SCHLINK, Bernhard:
Der Vorleser (1995)

SCHROTT, Raoul:
Finis terrae (1995)
Tropen (1998)

WAGNER, Bernd:
Paradies (1995)

KRAUSSER, Helmut:
Thanatos (1996)

GAHSE, Zsuzsanna:
Kellnerroman (1996)

STADLER, Arnold:
Der Tod und ich, wir zwei (1996)
Ein hinreißender Schrotthändler (1999)

WIDMER, Urs:
Im Kongo (1996)

DELIUS, Friedrich Christian:
Amerikahaus und der Tanz um die Frauen (1997)

HARTMANN, Heiko Michael:
MOI (1997)

MODICK, Klaus:
Der Mann im Mast (1997)

POLITYCKI, Matthias:
Weiberroman. Historisch-kritische Gesamtausgabe (1997)

WÜHR, Paul:
Salve Res Publica Poetica (1997)

HERMANN, Judith:
Sommerhaus, später (1998)

MEINECKE, Thomas:
Tomboy (1998)

SCHULZE, Ingo:
Simple Storys. Ein Roman aus der ostdeutschen Provinz (1998)

TREICHEL, Hans-Ulrich:
Der Verlorene (1998)

BERKÉWICZ, Ulla:
Ich weiß, daß du weißt (1999)

WACKWITZ, Stephan:
Die Wahrheit über Sancho Pansa (1999)

Textsammlungen

Neben Gedichten bereits genannter Autoren finden sich **Gedichte der neunziger Jahre** u.a. von Sascha ANDERSON, Gabriele ASMUTH, Wilhelm BARTSCH, Jürgen BECKER, Dietmar BEETZ, Marcel BEYER, Horst BINGEL, Franz Josef CZERNIN, Ulrike DRAESNER, Hugo DITTBERNER, Hans-Jürgen HEISE, Klaus HENSEL, Thomas KLING, Barbara KÖHLER, Uwe KOLBE, Jan KONEFFKE, Michael KRÜGER, Johannes KÜHN, Kito LORENC, Brigitte OLESCHINSKI, Albert OSTERMAIER, Bert PAPENFUSS-GOREK, Dirk von PETERSDORFF, Raoul SCHROTT, Dorothee SÖLLE, Werner SÖLLNER, Hans-Ulrich TREICHEL, Charlotte UECKERT, Johann VOSS, Ernest WICHNER, Anna WÜRTH in den Sammlungen

Zacken im Gemüt. Deutschsprachige Lyrik der 90er Jahre. Hrsg. von Axel Kutsch. Weilerswist: Verlag Landpresse 1994.

Das verlorene Alphabet. Deutschsprachige Lyrik der neunziger Jahre. Heidelberg: Verlag Das Wunderhorn 1998.

Über Neuerscheinungen informierte von 1981 bis 1998 alljährlich

Deutsche Literatur. Jahresüberblick. Stuttgart: Reclam.

Ein Leserad. Welche Bücher es Ihnen vor Augen führt, entscheiden Sie.